学校の中の発達障害

「多数派」「標準」「友達」に合わせられない子どもたち

本田秀夫

SB新書
594

はじめに

私はこのSB新書のシリーズで、『自閉症スペクトラム』『発達障害　生きづらさを抱える少数派の「種族」たち』『子どもの発達障害』の3冊を上梓し、それぞれ発達障害の基礎知識について書いてきました。

最初に「自閉スペクトラム症とは何か」を書き、続いて「発達障害とは何か」「発達障害の子はどう育つか」をまとめました。どの本でも「発達の特性を理解し、それに合った生活を整えれば、生きづらさは軽減する」ということを述べてきました。

おかげさまで多くの方に読んでいただき、発達の特性があるご本人やご家族から、「客観的に自分を見るきっかけになった」「病気というよりも少数派なだけなのか」「わが子を理解する参考になった」といった感想をお寄せいただいています。発達障害の人にとって、その人らしく生活していくことはとても重要です。これまでの本がそのための参考になったのであれば、嬉しく思います。

ただ、その一方で、**「この本の考え方を自分は理解できたけれど、学校や地域社会で理解**

してもらうのは、なかなか大変」という声も聞きました。確かに、発達障害を多くの人に理解してもらうのは、簡単なことではありません。

特に学校の場合、集団活動が多く、そのためのルールもいろいろと設定されています。その中で発達の特性への理解を得て、個別にサポートをしてもらうのは、けっして簡単ではないでしょう。私も、お子さんや親御さんから学校生活の悩みを聞くことがよくあります。また、学校の先生から「どんなサポートが適切か」と相談されることもあります。

親御さんと学校の先生がうまくコミュニケーションをとることができ、協力してお子さんをサポートしていければ、その子の学校生活は比較的快適なものになるのですが、そのためにはいろいろな工夫が必要です。

そこで今回は、私がこれまでに親御さんや学校の先生にお伝えしてきた**「発達障害の子の学校生活をサポートするコツ」**を書いていきます。

お子さんの学校生活について悩んでいる親御さん、学校の先生、教育関係者にはぜひ読んでいただきたいと思いますが、ほかにも、学校と連携している保育園や幼稚園の先生、日頃子どもを見ている療育教室のスタッフや習い事の先生、医療や福祉の関係者にも、「発達障害の子の学校生活」を理解するための本として、ご一読いただければと思います。

私はこれまでの著書で、発達障害のとらえ方を解説してきました。「発達障害をこう考えると、理解しやすくなります」「対応も考えやすくなります」という形で、新しい見方を提示してきたつもりです。本がみなさんにとって、ある種の「発想の転換」につながるように、意識してきました。

また、解説の際には、具体例を入れることを意識しました。「発達の特性とは、具体的にはこういうものです」「このような場面では、こう考えて、こう対応するのが基本です」という形で、読者のみなさんに実感を持っていただけるように工夫してきました。

今回の本でも同じように解説していきますが、今回はテーマが「学校」という大きなものなので、どちらかというと、大きな話が多くなります。「国語の授業では」「給食の場面では」などの細かい話よりも、「学校とは」「勉強とは」「成績とは」「特別支援教育とは」といった、教育の基本を考えるような話をしていきます。

「学校生活をこんなふうに考えると、見え方が変わります」「こんな工夫をすると、学びやすい環境を整えることができます」という形で、私の考えを提示していきます。

私は、親御さんや学校の先生が「学校のとらえ方」をちょっと変えるだけでも、子どもの学校生活はある程度、快適なものになると考えています。実際にそうなっているお子さんたちがいるからです。

みなさんには学校生活を快適に送るために、この本をお役立ていただけたら幸いです。

ところで、みなさんは「学校」をどんな場所だと思っていますか？

最初に学校のテストのような形で、問題を出してみます。この本を読み進める前に次の文章を読んで、空欄を埋めてみてください。お子さんたちはいつも学校でこういう問題に取り組んでいます。大人もたまには問題を解いてみましょう。

Q１　学校とは「　　　　　　」場所である

Q２　学力とは「　　　　　　」である

Q３　教育で大事なのは、子どもの「　　　　　　」を伸ばすこと

Q４　発達障害の子は「　　　　　　」から、特別支援教育を利用する

Q５　共生社会とは、「　　　　　　」な人たちがお互いにリスペクトする社会

どれもある意味、哲学的な問いになっていて難しいと思いますが、ぜひ回答してみてください。このページに答えを書き込んでもかまいませんし、何かの裏紙にメモするのでも、スマホに入力するのでもよいと思います。すべての答えを記入したら、どうぞ本を読み進めてください。このあとの各章で、5つの問いに対する私の考えを説明していきます。問題が難しければ、もちろん、答えを書かずに読み進めてもかまいません。

それでは「学校の中の発達障害」について、一緒に考えていきましょう。

第1章

親と先生ができること

発達障害の子は学校でどんな生活をしているのか

この本のテーマは「学校」と「発達障害」です。学校の中で発達障害の子どもたちがどんな生活をしているのかを解説していきます。

発達障害の子どもには個性的な子が多く、それに対して学校はどちらかといえば平均的な子に合わせてつくられています。そのため、発達障害の子は学校生活をする中で、どうしても困りごとが多くなりがちです。

私も学校関連の困りごとをよく相談されます。相談内容として多いのは**「授業中に立ち歩く」「友達関係のトラブルが何度も起こる」「勉強や宿題についていけない」「配布物をなくしてしまう」**といったことです。**「子どもに発達障害の特性があり、どの学級を選ぶかで悩んでいる」**という相談もよくあります。

この本では、そのような例をとりあげながら、発達障害の子がどうすれば学校でのびのびと過ごせるのかを解説していきます。右に挙げたような悩みが思い当たるという親御さんや学校の先生方は、ぜひご一読ください。困りごとを解決するためのヒントが見つかると思います。

子どものために、親と先生ができること

学校での困りごとを解決するためには、学校と家庭の協力が欠かせません。学校での出来事をよく知っているのは先生であり、子どものことをよく知っているのは親です。両者がよく連絡を取り合い、情報を交換することが大切です。そうすることで、子どもがどんなことに困っているのか、そして何を必要としているのかが見えやすくなります。

この本では、**困りごととその対応法を説明するときに「親ができること」「先生ができること」をそれぞれお伝えしていきます。**

保護者の方には「親ができること」、学校の先生には「先生ができること」を実践してほしいのですが、それと同時に、お互いが相手の立場を理解することにも、この本を役立ててほしいと思っています。

親御さんは「先生ができること」を読むと、学校の先生の努力や苦労を実感しやすくなると思います。学校にはできることとできないことがあります。学校の対応には限界があることも、あらためて感じていただけるのではないでしょうか。

学校の先生も「親ができること」を読むと、親御さんがわが子のためにどれだけのこと

をしているのかが、よくわかると思います。家庭だけでは対応しきれないこともあります。それもあらためて考えていただきたいと思います。

親と先生がお互いへの理解を深め、協力して子どもを支えていくためのヒントとして、この本を使っていただければ幸いです。

困りごと① 教室を飛び出してしまう子に、どう対応する?

学校関連でよく相談されることの一つが「子どもが授業中に立ち歩く」「教室を飛び出してしまう」という悩みです。まず、この悩みについて「先生ができること」「親ができること」を考えていきましょう。

よくあるのは、小学生のお子さんが授業中、席に座って先生の話を聞いていることができない、という悩みです。お子さんが授業の途中で立ち歩き、教室の外に出ていってしまうのです。そのたびに先生が声をかけたり、連れ戻しにいったりしなければなりません。

そのようなことが続くと先生も対応に苦慮しますし、親も家庭でどう言い聞かせればよ

困りごと① 授業中に教室を飛び出してしまう子

いのかわからず、悩んでしまいます。その場合にどうすればよいのか、と相談されることがしばしばあるのです。

教室を出てしまうことがあっても、注意されれば席に戻れるのなら、それほど心配はいりません。小学校低学年くらいであれば、そういうことはよくあります。しかし、**教室を飛び出すことが何度もあり、注意を受けてもあまり変わらない**ということであれば、何か別の対策を考えたほうがよいかもしれません。

みなさんは、そのような場合にどんな対応を考えますか？

授業中の出来事なので、まずは学校で先生ができることを考えたいところですが、親御さんも、家庭でできることを考えてみてください。例えば次のような対応の中で、学校と家庭では、それぞれどんなことができそうでしょうか。

- 子どもが教室を飛び出す「理由」を考える
- 教室にいられるような「工夫」を考える
- 教室を飛び出したときの「対策」を考える

先生ができること

教室を飛び出す「理由」を考える

学校では、子どもが教室を飛び出してしまったら、担任の先生が声をかけて対処するとともに、その子に「どうして飛び出したのか」を聞き、問題解決をはかることが多いと思います。「教室を飛び出す理由」がわかれば、対応法も見えてきます。まずはそのように対応するのがよいと思います。

教室を飛び出す理由としてよくあるのは、人間関係がちょっとこじれて、子どもに強いストレスがかかっているというパターンです。子どもがストレスでパニックのような状態になり、がまんできずに教室を飛び出していってしまうのです。

例えば「友達にからかわれてイライラした」「先生の発言を聞いて、ちょっと嫌になってしまった」といった理由で、子どもが強いストレスを感じることがあります。その場合、両者で話をして問題を解決できれば、飛び出すことは減っていくでしょう。

そのように「明らかな理由」があれば、対応法も考えやすくなります。しかし、飛び出したときの様子を確認してみても、特に思い当たることがないという場合もあるでしょう。そのときには、別の理由を考えていく必要があります。

先生ができること

理由が特に思い当たらない場合は？

私が「教室を飛び出す」という相談を受けるときにも、理由がはっきりしないことがしばしばあります。そのときには、私は次の3つの理由が当てはまるかどうか、聞くようにしています。

1つ目は「授業の内容がわからない」。その子には内容が難しすぎて、授業に参加できていない。発言や質問もできなくて、やることがなくなってしまっている。

2つ目は「授業の内容に興味が持てない」。好きな授業には集中できるけれど、それ以外の時間は上の空になりやすい。授業と関係のない作業をしてしまうことがある。

3つ目は「衝動に負けてしまう」。先生の話を聞こうとしていても、ふとした瞬間に何かに気をとられて、衝動的に立ち歩いてしまうことがある。

このような理由があるときにも、子どもは立ち歩いたり、フラッと廊下に出ていったりします。右に挙げたような例が思い当たる場合には、人間関係のトラブルとはまた別の対応が必要になります。

先生ができること　3つのパターンにどう対応するか

実は先ほどの3つのパターンは、発達障害や知的障害と関連しています。発達障害や知的障害を理解しておくと、先ほどのような例にも対応しやすくなります。発達障害や知的障害の詳細は第2章であらためて解説しますが、ここでも簡単に説明しておきましょう。

❶ 授業の内容がわからない

発達障害にはいくつかの種類がありますが、1つ目の例は「学習障害（LD）」の子に見られるパターンです。「知的障害」の子にも見られます。

学習障害や知的障害の子は、ものごとを学ぶときに平均的なやり方・平均的なペースでは学びにくい場合があります。授業の内容や方法、ペースなどが子どもに合っていない場合、その子は「難しすぎて参加できない」という状態になることがあるのです。

この場合、**授業の内容をわかりやすく調整したり、読み方・書き方を変えたりすると、子どもが参加しやすくなる**こともあります。学習障害や知的障害を理解することによって、対応のヒントが見えてくるかもしれません。

❷授業の内容に興味が持てない

2つ目は「自閉スペクトラム症（ＡＳＤ）」の子に見られるパターンです。自閉スペクトラム症には「こだわりが強い」という特性があります。その特性が強い子は、特定のものごとに強い興味を持つ一方で、それ以外のことにはほとんど興味を持たないことがあります。そのため、興味を持てない授業には集中できていないことがあるのです。

この場合、**その子の好きな分野や得意なやり方を授業に少しとり入れると、集中できる**ようになることがあります。

❸衝動に負けてしまう

3つ目は「注意欠如・多動症（ＡＤＨＤ）」の子に見られるパターンです。ＡＤＨＤの特

子どもが教室を飛び出す3つの理由

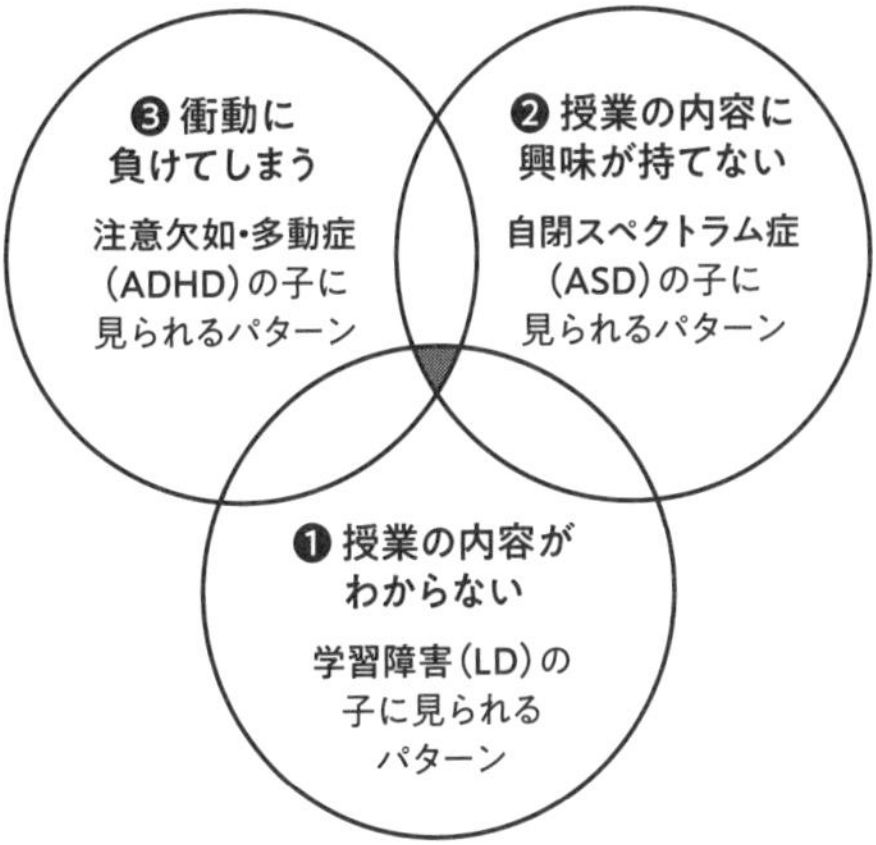
❸衝動に
負けてしまう
注意欠如・多動症
（ADHD）の子に
見られるパターン
❷授業の内容に
興味が持てない
自閉スペクトラム症
（ASD）の子に
見られるパターン
❶授業の内容が
わからない
学習障害（LD）の
子に見られる
パターン

性の一つに「多動性・衝動性」があります。その特性が強い子は、「授業中に立ち歩いてはいけない」とわかっていても、何かに気をとられて、つい衝動に負けてしまうことがあります。注意がそれやすいところがあるのです。

この場合、**掲示物を減らしたり、カーテンを閉めたりすることで、子どもが余計なものに気をとられなくなり、授業に集中しやすくなる**ことがあります。

なお、複数の理由がからまり合っている場合もあります。発達障害の特性は重複することがあり、「こだわりの強さ」と「多動性・衝動性」がどちらも見られる子もいるのです。その場合、興味のない授業では衝動性が出やすくなったりします。反対に、興味のある授業には集中できたりもします。複数の特性が見られる場合はどちらも理解し、対応していく必要があります。

家庭と学校が「協力すること」を伝えたい

いま挙げた3つの例は、いずれも**「授業や学習環境」と「子どもの特性」が合っていないというパターン**です。子どもが教室を飛び出すことには、じつはそのような「相性の悪さ」が影響していることもあります。**子どもが教室を飛び出すことが悪いわけではなく、先生や親のやり方が悪いわけでもなく、相性が悪い**のです。

私は発達障害や知的障害の診療を通じて、そのような例をたくさんみてきました。私は専門家なので、先ほどの3つの理由を意識しながら子どもをみることができますが、学校の先生がそこまで細かく観察することは難しいかもしれません。

障害のある子の支援を長く経験している先生は、3つの理由を意識することで対応しやすくなると思いますが、支援にまだ慣れていない先生は、対応に悩むこともあるでしょう。

その場合には先生と親がよく連絡をとり合い、支援にくわしい専門家の意見も聞きながら対応していくことをおすすめします。子どもに主治医がいる場合には、主治医に相談するのもよいと思います。私も学校関係者からの相談を受けることがあります。

「相性の悪さ」がある場合には、誰か一人だけが工夫をするのではなく、全員でその状況を理解し、協力することが大切です。この本では、そのように家庭と学校が「協力すること」の大切さを伝えていきたいと思っています。家庭と学校が協力し、子どもに合った環境を整えていけば、「相性の悪さ」は軽減していきます。

集団の中で「どんな調整ができるか」を考える

環境と相性の問題を、もう少し考えていきましょう。

自閉スペクトラム症の子が授業に興味が持てなくて立ち歩いてしまう場合に、ほかの子はなぜ座っていられるのかというと、そこそこ興味が持てるからです。多くの子が興味を持てるような授業になっているから、みんなは座っているわけです。

ということは、飛び出してしまう子も興味を持てるような話題をとり入れれば、その子も座って話を聞けるようになるということです。「授業や学習環境」をそのように調整できれば、おそらく相性の悪さは軽減していくでしょう。

しかし、その子がとてもマニアックなものに興味を持っている場合には、判断が難しくなります。その内容で授業を組み立てた場合、今度はほかの子どもたちが興味を持てなくなるかもしれません。教室を飛び出してしまう子に合わせれば、それでよいというわけでもないのです。

学校のように集団で活動する環境では、一人の特性に配慮しつつ、全体にも目を向けながら「どんな調整ができるのか」を考えていく必要があります。

個人にも全体にも合った形を考えるのは簡単ではありませんが、この本ではそのコツもお伝えします。**学習環境を調整するときには、3つのステージを意識することが大切**です。そうすることで、どんなタイプの子にも配慮しやすくなります。3つのステージについては、この本の第2章・第3章でくわしくお伝えしていきます。

どんな場面で飛び出すのかを聞いておく

教室を飛び出すことは学校内での出来事なので、家庭でできることは少ないのですが、親にもできることはあります。それは状況を把握することです。

学校から「お子さんが教室を飛び出すことが続いている」という連絡を受けたら、「どんな場面」で「何をしているとき」に飛び出すのかを聞いておきましょう。その情報が対応のヒントになります。

例えば「国語の授業で」「みんなで順番に音読をしているときに」飛び出しているのであれば、「音読が飛び出す理由なのかもしれない」という推測ができます。音読が苦手で、ストレスを感じているのかもしれません。

理由がある程度わかれば、対応を考えやすくなります。また、子どもに発達障害や知的障害があって医療機関にかかっている場合には、学校から聞いたことを主治医に相談し、対応を一緒に考えることもできます。

協力してできること

飛び出すことを当たり前にしない

子どもが教室を飛び出すことが、習慣のようになっている場合もあります。中には「教室を出たら保健室や校長室で過ごす」という行動パターンができていることもあります。

学校の中に安心して過ごせる場所があり、つらくなってしまったとき、そこに逃げ込めるというのは、よいことです。そういうところで過ごす時期があってもよいと思います。ただ、ずっとそのような対応を続けていてはいけません。その状態では、子どもは毎日、学習する機会を失ってしまいます。**教室にいづらくて飛び出してしまうことがあってもよいのですが、それが続いたら、大人がその「理由」を考えなければなりません。**そして、子どもが十分に学習できるように、環境を調整する必要があります。

環境を調整してみても、問題がすぐには解決しない場合もあると思います。

例えば、学習障害や知的障害の子が授業の内容についていけなくて困っているときに、先生が授業をある程度調整しても、その子にとって学びやすい内容にならず、結局、授業に参加できないということもあります。そのように解決が難しい場合でも、飛び出してしまうことを当たり前にしないで、なんらかの対策を考えていきましょう。

ほかの子どもたちとのバランスを考えると、それ以上の調整が難しいということもあり得ます。学級の変更を考えることも、必要になるかもしれません。その場合には、家庭と学校で相談することがより重要になります。

学習障害や知的障害がある場合の学級選択については、第3章と第4章でも解説しています。学級について悩んでいる人は、そちらもぜひご覧ください。

予防的な計画を立てて、授業をする先生もいる

私はこれまでに横浜市や山梨県、長野県で、さまざまな学校とやりとりをしてきました。また、研修会などで各地の学校関係者と交流してきました。私が見聞きしてきた中で、**対応の上手な先生たちは、子どもが教室を飛び出す前に授業を調整**していました。

そういう先生は「こういう内容の授業をしよう」と考えたときに、「この授業をこのやり方で進めた場合には、誰と誰はちょっとソワソワするだろうな」という予測を立てます。そして、その子たちには少し違う課題を用意しておくのです。

例えば「復習として15分間ドリルをやってもらう」という計画を立てたときに、15分間じっと座っていられないタイプの子がいることがわかっていたら、その子には別の課題を出すか、または、全員に対して「ドリルに取り組む間、途中で休憩してもいい」というル

ールを設定します。そのような微調整によって、集中するのが苦手な子もそれなりに取り組める環境を用意するわけです。

「対策」よりも、予防のための「工夫」を

一般的には、何人かがソワソワしそうだと思っても、そのまま授業を進めていって、実際に子どもが立ち歩いてしまったら、そこで対処する形をとるでしょう。

しかし、それでは子どもが失敗してから大人が介入する形になってしまいます。子どもは立ち歩いたり、教室を飛び出したりして、注意されて落ち込んでから、やっと自分に合った課題に取り組めるようになります。「自分はダメだ」と感じてから、課題を始めることになるのです。それでは対応が遅いということで、**子どもが最初から自分に合ったやり方で学習できるように配慮している先生たち**がいます。

私はそのように予防的な計画を立てることが、理想的な対応だと考えています。この章の冒頭で、次のように、子どもが教室を飛び出してしまう場合の3つの対応例を挙げました。

- 子どもが教室を飛び出す「理由」を考える
- 教室にいられるような「工夫」を考える
- 教室を飛び出したときの「対策」を考える

この3つはどれも重要ですが、**私は「理由」を考え、予防のための「工夫」をすることが特に大切**だと思っています。**子どもが失敗してから「対策」をとるというのは、やむを得ない手段**です。対策ももちろん必要ではありますが、それ以前に、子どもが何度も失敗を繰り返すことなく、その子らしい育ち方をしていけるように、配慮してほしいと思います。

特に発達障害の子や知的障害の子は、一般的な環境では失敗しやすく、日頃、困難を経験することが多いです。そういう環境で日々を過ごしている子どもたちにそれ以上、無益な失敗を体験させないように、予防的な対応を心がけてほしいと思っています。

何より大切なのはコミュニケーション

この章では「子どもが教室を飛び出してしまう」という困りごとを解説しました。その理由として、いくつものパターンを紹介してきました。困りごとには、さまざまな背景があるものです。そして、その背景によって、必要な対応は異なります。子どもが学校生活で何かに困っているときには、「この子はなぜ困っているのか」を考えるようにしましょう。

すでに解説した通り、親と先生が協力すれば、問題の背景が見えやすくなります。子どもの困りごとを解決するために何よりも大切なのは、コミュニケーションです。親や先生が子どもの話を聞くこと、親と先生で連絡を取り合うことが、子どもを理解することにつながります。大人は子どものためによくコミュニケーションをとり、協力しながら、困難の解消を目指していきましょう。このあとの章でも、親と先生が協力関係を築くためのヒントをいろいろとお伝えしていきます。

第2章

学校の中の発達障害

家庭と学校では、立場もできることも違う

第1章では、家庭と学校が協力することの重要性をお伝えしました。

しかし、親御さんと学校の先生では立場が違います。知っている情報も考え方も、できることも違うでしょう。それぞれの見ていることが違うため、相談・協力しようと思っても、なかなかうまくいかないこともあると思います。

お互いの立場や状況を理解するのは、簡単なことではありません。話がうまくかみ合わないこともあるのではないでしょうか。ただ、**家庭と学校で、ある程度の共通認識は持っておきたい**ものです。立場が違っても基本的な理解が共通していれば、相談しやすくなります。

そこで、この第2章では「発達障害とは」「学校とは」という基本的な考え方を解説していきます。この章を読むと「発達障害の子の学校生活」の基本がわかります。また、学校でできる支援の基本もわかります。基本ですから、どのようなタイプのお子さんにも、どの学校でも参考にしていただけます。

この章の内容を家庭と学校で、ある程度の共通認識をつくることに使ってほしいと思います。親御さんと先生が基本的な考え方を共有し、ある程度同じ方向を向いていれば、お子さんに共通した対応をとれるようになります。お子さんも安心して過ごせるようになっていきます。みなさんにはこの章を使って、よりよい協力関係を築いていただければ幸いです。

この章を読むとわかること

- 発達障害とは何か、発達障害にはどんな特性があるのか
- そもそも学校とは何か、子どもたちはなんのために学校に行くのか
- 学校で、発達障害の子にどんな支援ができるのか

1

そもそも「発達障害」とは

発達障害にはいくつかの種類がある

第1章でも少し説明しましたが、「発達障害」にはいくつかの種類があります。**「自閉スペクトラム症」や「注意欠如・多動症」「学習障害」などの種類があり、それらをまとめて発達障害**といいます。発達障害は、いくつかの障害の総称なのです。

ですから同じ発達障害でも、自閉スペクトラム症の特性がある場合と、注意欠如・多動症の特性がある場合では、発達のスタイルも、悩みや困りごとも異なります。それぞれの特性を理解しておくことが大切です。ここで各障害の特性を説明していきましょう。

なお、以下の内容は医学的な診断基準を解説したものではなく、発達障害の特性の概要をまとめたものです。発達障害を理解するための基礎知識としてお読みください。

■自閉スペクトラム症（ASD）

主な特性は「臨機応変な対人関係が苦手」「こだわりが強い」の2つです。子どもの学校生活ではそれらの特性によって、一人でいることを好む、会話がかみ合わないことが多い、特定の教科や活動に強い興味を持つ、行事などの予定や手順にこだわる、といった特徴が見られることがあります。特定の光や物音、においなどに敏感または鈍感になるという、感覚的な特徴が見られる子もいます。

自閉スペクトラム症の特性がある子は、ほかの子と感情を分かち合うことよりも、自分の好きなことや好きなやり方を追い求める傾向が強くなりがちです。そのため「マイペース」な印象になりやすく、集団の中で浮いてしまうこともあります。

■注意欠如・多動症（ADHD）

「不注意」「多動性・衝動性」という2つの特性があります。子どもの学校生活では、長時間座っているとソワソワしてくる、何かを思いつくとすぐに発言したがる、しょっちゅう忘れ物をする、机やロッカーの片づけが苦手、授業の時間ギリギリに着席することが多い、といった特徴が見られます。

注意欠如・多動症の特性がある子は「そそっかしい」という印象になりやすく、親や先生に何かと世話を焼かれていることが多いです。そのことに後ろめたさを感じている子もいますが、意外にあっけらかんとしている子もいます。

■学習障害（LD）

「読み・書き・計算が苦手」という特性があります。そのうちの一つが苦手な子もいれば、複数が苦手な子もいます。そのような特性があるため、学校生活では勉強が苦手になりがちです。ただ、「苦手」と言っても、それは一般的なやり方で読み書きや計算をするのが苦手というだけで、すべてのものごとを学ぶのが苦手なわけではありません。パソコンやタブレット機器などのツールを使って苦手な部分を補うと、十分に学べるようになる場合もあります。

発達の特性には「重複」と「強弱」がある

ここでは種類ごとの特性を分けて説明しましたが、これらの特性は単独で見られることもあれば、重複して見られることもあります。例えば「こだわり」と「不注意」が重複し

発達障害の種類

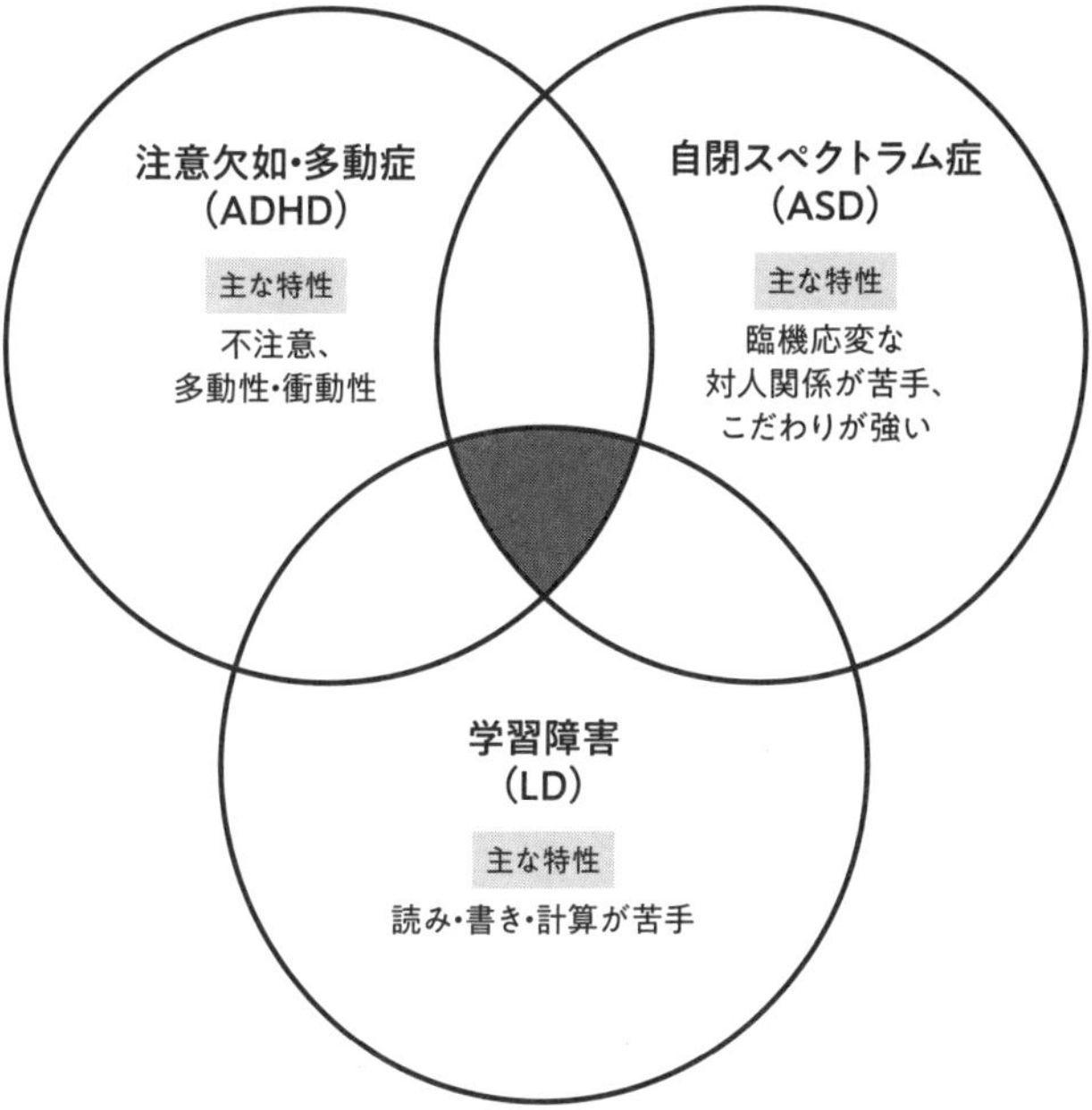

※ほかにも「発達性協調運動症（DCD）」などの種類があります。DCDの特性がある子は運動が苦手になりやすく、学校生活では音楽や体育など、さまざまな動作をともなう授業に困難を感じることが多くなります。

ていて、スケジュールを細かく気にするわりには、約束を忘れることがあるという子もいます。

また、発達の特性には強弱があります。ADHDの特性があって忘れ物が多い子には、ランドセルを持たずに手ぶらで登校してしまうくらいに「不注意」が目立つ子もいれば、ほかの子に比べて忘れ物が多い程度の子もいます。

発達の特性には「重複」と「強弱」があり、子どもによって特性の現れ方や、それによって起こる困難は異なるということです。同じ「発達障害の子」でも一人ひとり発達の仕方は違うということを、知っておいていただきたいと思います。

なお、発達の特性があっても「ほかの子に比べれば目立つ程度」という子もいます。その中にはもともと特性が弱い子もいれば、親や先生のサポートによって苦手な部分が目立たずに済んでいるという子もいます。

発達の特性は、必ずしも「障害」ではない

発達の特性の現れ方は子どもによってさまざまですが、医学的には、発達の特性があり、

環境や人間関係などのバランスの中で「生活上の支障」が出ている場合に、なんらかの発達障害と診断することになっています。**発達障害は診断名ではなく分類名であり、自閉スペクトラム症や注意欠如・多動症などが診断名**です。

発達の特性による影響が「ほかの子に比べれば目立つ程度」であり、家庭生活や学校生活に特に支障が出ていなければ、発達障害の診断はされない場合もあります。

このことからもわかる通り、発達の特性は、必ずしも困りごとを生み出すものではありません。子どもに発達の特性があり、環境や人間関係との相性が悪い場合に、その子と周囲の環境との間に問題が生じます。環境や人間関係を調整することによって、問題を未然に防げるケースもあるわけです。

発達障害は少数派の「種族」のようなもの

私は発達障害を障害というよりは、少数派の「種族」のようなものだと考えています。発達障害の子どもたちに、ほかの多くの子にはない「特性」があることは確かです。しかしそれは必ずしも「障害」となるものではなく、その子に特有の「発達スタイル」のようなものです。私は、それは、何かが「できない」というよりは、何かをするときに「大多数の子どもたちとは違うやり方をする」ということだと考えています。

例えば、**自閉スペクトラム症の子が「一人でいることを好む」というのは、「みんなと一緒にいられない」というよりは、本当に一人でいるのが好きな場合も多い**のです。そのことは以前に、拙著『発達障害　生きづらさを抱える少数派の「種族」たち』（SB新書）で、「選好性」の違いだと書きました。発達障害の子どもたちは、ほかの大多数の子どもたちとは、志向が違うだけなのだと思います。

そう考えると、発達の特性は必ずしも短所になるわけではなく、裏を返せば長所にもなり得ることに気づきます。例えば「一人でいることを好む」ことは、集団の中では「自分勝手」と言われるかもしれませんが、裏返せば「独立心がある」ということであり、「人に流されずに行動する強さ」があるとも言えます。

まとめ

発達障害は必ずしも困りごとになるとは限らないもの。
環境や人間関係によっては、生活に支障が出ない場合もある！

2 発達障害の子は、どうして学校で困っているのか

「学校の標準」が狭すぎるのではないか？

先述した通り、発達の特性は必ずしも困りごとにつながるものではありません。しかし発達の特性がある子は学校生活において、何かと困りごとに直面しがちです。ほかの大多数の子どもよりも、困難が多いように感じます。それはなぜでしょうか。

私はその要因の一つに「学校の標準が狭すぎること」があると考えています。いまの日本の学校には、**子どもが「標準的にやるべきこと」が多すぎます。**

子どもは持ち物をそろえて始業時間までに登校し、提出物があれば先生に渡す。登校の際には先生や学校の職員、友達に元気よく挨拶をする。授業が始まったら席に座って、正しい姿勢で静かに先生の話を聞く。授業中にはノートをとり、適度に発言や質問をする。道具は自分の机やロッカーに丁寧に片づける。そして放課後にはその日の宿題に取り組む……そのような行動をすべて着実にこなすことが、「学校の標準」になっていないでしょう

か。

私は、いまの学校では子どものやるべきこと、守るべきことが多すぎて、「標準」が狭くなっているように感じます。その「標準」をこなせる子はよいのですが、発達の特性がある子は、すべての活動を「標準」に合わせるのは難しい場合もあります。

例えば「不注意」の特性が強くてそそっかしい子は、いくつかの場面で「標準」に当てはまらず、はみ出してしまうこともあるでしょう。そのような形で、子どもの困りごとが増えているという側面があります。

ローカルルールは少ないほうがいい

学校には多くの子どもたちが集まっています。集団で活動するためには、一人ひとりが一定のルールを守ることが欠かせません。ですからなんらかの「標準」は必要です。**子どもたちが学校で集団行動のルールを学ぶことには、意味がある**と思います。

しかし、ルールが細かくなりすぎると、それがいじめの温床になることもあります。例えば「校舎内の廊下は左側を歩きましょう」という決まりをつくることは、衝突を避け、人

「標準的にやるべきこと」が多い学校生活

①あわてて登校後、
荷物を整理して
ロッカーに荷物を
押し込むのに
ひと苦労

②朝のあいさつ当番を
こなして……

③「朝読書」タイムに
興味がなくてソワソワ

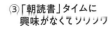

の流れをスムーズにするためには有効です。しかし、それを破ったら罰を与えるような厳しいルールにしてしまうと、ある子どもが右側を歩いたときに、ほかの子がそれを強く注意したり、先生に言いつけたりすることが出てきます。ルールから少し外れただけで、非難するような風潮ができていくわけです。

そのような環境では、ルールからはみ出すことが多い子はいつも誰かに注意され、監視されるようになっていきます。結果として、その子は学校生活に不安や緊張を感じるようになり、また、場合によっては、その子だけがいじめられているような状態になってしまうこともあるのです。

私は、学校内のローカルルールは、少なければ少ないほどよいと思っています。子どもたちが社会性を学ぶことは重要ですが、そのために大人がやるべきことは、あれこれと細かいルールを設定して、子どもに押しつけることではありません。大人・子どもを問わず守るべきルールは、国の法律や自治体の条例だけで十分です。

子どもが法律をきちんと学び、結果として、法律は家庭生活や学校生活にも活かされているのだということを学べば、それで十分でしょう。法律を学べば、人を傷つけてはいけないということを理解できます。**「誰かがルールを守らなかったからと言って、その人を**

いじめてはいけない」ということも理解できるはずです。

校則は廃止してしまってもいい

ここまで言うと極端かもしれませんが、私は基本的に、校則はすべて廃止すべきだと考えています。法律に定められていないことを、関係者（子どもや保護者）の合意もないのにルールにして、しかもそれを子どもに強制的に守らせるというのは、民主主義に反する行為ではないでしょうか。

中には子どもに校則をつくらせる学校もありますが、私はそのようなやり方にも、基本的には反対です。ルールができれば、同時に「守ることを義務付ける雰囲気」もできあがります。守らない人を排除する動きも、必ず生まれます。**ローカルルールを増やす必要はない**と思います。子どもたちが「校則を変えたい」と言って、自分たちでルールをつくり直す動きもありますが、私はその場合も、新しいルールをつくり直すよりも、校則を廃止すればよいのではないかと考えています。

ルールは何も必要ないというわけではなく、例えば「人の権利を奪わない」といったルールを守る必要はあります。しかしそういう重要なことは、法律で定められています。それ以外の、例えば「髪の色をどうする」「服装をどうする」といった細かいルールを、わざわざ校則として定める必要はないというのが、私の考えです。

「学校の標準」に苦しむ子どもがいる

「校則廃止」の議論は教育委員会に委ねますが、「学校の標準」が一部の子どもたちをひどく追いつめているというのは確かです。これは学校と発達障害を考えるときに、重要なポイントの一つになります。

「学校で、みんなと同じようにできない」ということに悩み、登校できなくなった子どもたちを、私は大勢みてきました。進学をエスカレーターにたとえることがありますが、いまの学校生活には、「みんなと同じ」でなければエスカレーターからはみ出してしまい、はみ出すことで進学やその後の進路選択が難しくなるという側面があります。学校に毎日通い、授業にしっかり参加して、よい成績やよい内申点をとらないと、その後の選択肢が減ってしまう可能性があるのです。そういう**標準的な道を歩くのが難しい子は、どうしても**

生きづらさを感じてしまうことがあります。

私は**「学校の標準」が狭いこと、大人たちが学校をきっちりとつくりすぎてしまったことが、一部の子どもたちを苦しめているのではないか**と思っています。

また、「学校の標準」に苦しんでいるのは、子どもだけではありません。**子どもが学校に行けなくなれば、親御さんも悩みます。**親としては「この調子で、社会に出てやっていけるのだろうか」と不安になることもあるでしょう。「標準から外れる」ということが、本人だけでなく、まわりの人の悩みや苦しみにもつながっています。

学校の先生も、子どもたちに教えなければいけないこと、守らせなければいけないことが多すぎて大変だと思います。子どもたちをきちんと指導しなければいけない。しかし、そうすることで、結果として登校できなくなってしまう子もいる。そんな状況で、指導に悩んでいる先生も多いのではないでしょうか。

「学校の標準」からはみ出しても大丈夫

子どもが学校生活にうまく適応できなかったり、学校に通えなくなったりすれば、本人も親も不安になるでしょう。学校の先生も心配になると思います。しかし、私はいまの日本の「学校の標準」からはみ出しても、基本的には大丈夫だと思っています。

社会参加にはさまざまなやり方があります。なんらかの事情で一般の学校に通えなくなっても、例えば、通信制の学校で学ぶこと、フリースクールに通うことなども選べますし、家庭で学習するホームスクールの形式をとることもできます。海外では、ホームスクールはけっして珍しいことではありません。**「一般の学校に毎日通うこと」だけが、世界の標準というわけではない**のです。ですから「学校の標準」にこだわる必要はありません。**標準に合わせようとするよりも、別のルートを選んだほうが学びやすくなる場合もあります。**そういうルートを選ぶのも一つの方法です。

例えば、私は中学から私立の学校に行って、高校・大学を卒業しました。それも一つの選択です。公立の中学に通っていたら、私はうまくいかなかったと思います。私が通った私立の学校には、校則などのローカルルールがほとんどなく、自由に過ごせる環境がありました。そこでのびのびと学ぶことができました。公立の学校であればルールが細かくて、私はその「標準」に入ることに汲々として、苦しんでいたと思います。

でも「学校の標準」をゆるめることも必要

学校の「標準」からはみ出して苦しんでいる子がいたら、親御さんや学校の先生から「無理に合わせなくても大丈夫」ということを伝えてほしいと思います。何もかもを標準的にこなせなくても、社会に出てやっていけるということを、いろいろな例をまじえて、お子さんに話してください。

しかしもう一方で、学校の「標準」をもっとおおらかなものにしていくことも必要だと感じます。「標準」に運良く適応できる子は、それほど困らずに学校生活を送ることができますが、そうすることができない子も大勢います。日頃、児童精神科で診察をしていると、適応できない子どもが増えているようにも感じます。悩んでいる子に学校とは別のルートを紹介することもありますが、**学校というのは本来、そのように適応できる子・できない子を選別する場ではないはず**です。

どうすれば学校の標準をゆるめることができるのか。この本でもさまざまなヒントを紹介していきますが、みなさんもぜひ考えてみてください。

まとめ
ローカルルールが細かすぎると「学校の標準」が狭くなる。
それが発達障害の子を苦しめている場合がある。

困りごと② 子どもが学校で友達を叩いてしまったら

ここで、学校の「標準」をめぐって起こるトラブルの例を一つ紹介します。みなさんは次のような困りごとが起きたら、どんな対応をしますか？

同級生とのケンカの例です。ある日、学校から家庭に「お子さんが友達を叩いてしまいました」という連絡が入ります。子ども同士でもめているうちに、わが子が相手の子に手を挙げてしまったとのことでした。相手はケガをして病院に行ったそうです。暴力を振るってケガをさせたということで、相手方に謝罪しなければなりません。

困りごと②　学校で友達を叩いてしまった子ども

謝罪をするとともに、必要な対応を検討しなければならないわけですが、手を出したときの様子を子どもに聞いてみると、本人は「相手が悪い」と言います。「うまくできないことを以前から何度もからかわれていて、がまんできなくなった」「自分は悪くない」という話でした。この場合、からかわれたことと暴力を、どのように考えればよいでしょう?

第1章の「教室を飛び出す」という例と同じように、親ができること、先生ができることをそれぞれ考えてみてください。

家庭から相手に謝罪するのは当然ですが、暴力の原因となった発言については、家庭と学校、どちらが対応するのがよいでしょうか。

このようなケースでは、叩いてしまった側の家庭が「相手にも暴言があったから」ということで抗議をして、相手方から「暴力を振るった側が何を言っているんだ」と返答され、保護者間トラブルになることもあります。そのようなトラブルを防ぐために、どのようなことに注意すればよいでしょうか。

親ができること「相手への謝罪」と「事実の確認」

親としては、まず相手に謝罪することが第一です。暴力を振るうという行為は、悪いことです。相手に悪いことをして、ケガを負わせたことを謝らなければなりません。それと同時に、同じトラブルを二度と起こさないように予防策を講じることも大切です。そのためには「どんな状況で相手を叩いたのか」を確認する必要があります。

叩いたときの様子を子どもに聞いてみると、中には「ちょっとした小競り合いで偶然、手や足が相手に当たってしまった」ということもあります。その場合には相手に謝罪し、今後は気をつけるということでよいでしょう。

それに対して、先ほどの例のように「うまくできないことを何度もからかわれた」といった理由がある場合には、「からかわれたこと」と「叩いたこと」を分けて考える必要が出てきます。相手が陰湿な意地悪を以前から何度も繰り返していたのであれば、その点にも対応しなければなりません。

本人の話を聞くだけではわからないこともあるので、学校の先生にも事情を聞くとよいでしょう。そのときは**「誰が悪かったか」を尋ねるのではなく、「事実として何があったか」を聞いてください。**事実を確認し、子どもが実際に不当な扱いを受けたことがわかったら、その点については学校や相手方と話し合う必要があります。

先生ができること

「ご家庭でも注意して」とは言わない

子ども同士のトラブルが起きてしまったら、学校側はトラブルの全体像を把握して、事実を整理しましょう。そして必要に応じて、親に連絡を取ります。

学校の先生は親にトラブルの報告をする際、「学校でもお子さんに注意しましたが、ご家庭でも注意してください」と伝えることがありますが、そのように子どもに何度も反省をうながすことは、あまり効果的ではありません。

子どもは、問題が起きたときにその場で注意されれば、「よくなかった」ということに気づきます。反省はそれで十分です。問題の再発を予防するために必要なのは、何度も繰り返し反省させることではありません。適切な行動を教えることや、問題の原因を取り除くことです。学校から親に連絡するときには、「ご家庭でも注意して」とは言わず、「こういうことがありました」と事実を話すにとどめてよいと思います。

協力してできること

「言葉の暴力」にどう対応するか

家庭と学校で事実を確認していくと、トラブルの予防策として何をするべきかも見えてきます。子どもが「嫌なことをされて、叩いてしまった」ということであれば、そのようなときの適切な行動を教えましょう。嫌なことがあっても相手に暴力を振るうのではなく、言葉で「嫌だ」と伝えることを教えていってください。

それと同時に、「嫌なこと」を解決していくことも大切です。「何度もからかわれた」という原因があったのなら、からかってしまった子にも適切な行動を教えていく必要があります。家庭と学校で協力して、相手の親御さんとも話し合いをしたいところです。

ただ、暴力を振るってしまった側が、相手に対して「そちらにも原因がある」と指摘するのは簡単ではありません。親御さんが相手方と一対一で話し合いをするのは難しいと思います。担任の先生や、校長・教頭（副校長）などの管理職の先生も協力して、学校での出来事を確認するような形で話し合いを持つほうがよいと思います。

叩いた子、叩かれた子の双方に適切な行動を教えていくのは、簡単ではありませんが、とても重要なことでもあります。私がこれまでに見聞きしてきたトラブルでは、**「とにかく暴力はいけない」とされ、叩いたことだけが問題視されて、話し合いが終わってしまった例**が意外に多いのです。「標準」から少しはみ出したというだけのことで、相手から散々罵られ、本人がいたたまれなくなってやむを得ず手が出たというときに、手を出した子だけが厳しく注意され、相手のほうはおとがめなしということが、しばしばあるのです。

もちろん「叩いたことが悪い」というのは確かなので、それは指摘すべきです。しかし、だからと言って「言葉の暴力」が許されてよいわけではありません。「相手を傷つけるような発言は悪い」という話もするべきです。

話をしてみると、相手のお子さんの考えもわかってきます。例えば「自分はルールをいつも守っている。みんなも守っている。自分たちはがまんしてルールを守っているのに、あの子だけ違うことをするのはずるいと思った」といった話が出てくることがあります。じつは相手の子も困っていた、という場合もあるわけです。

ルールを見直すことで、どちらの子も活動しやすくなるということもあります。そのような**話し合いをするために事実の確認が必要**であり、また、家庭と学校で協力しながら、丁寧に対応する必要があるわけです。親にとっては気が重いかもしれませんが、子どもを守るためには話し合いが必要になることもあります。場合によっては、私たちのような専門家に協力を求めるのも一つの方法です。難しい問題に直面したときには、いろいろな人を頼りながら対応していきましょう。

3 子どもはなんのために学校に行くのか

大人は「登校」「成績」を目標にしがち

学校で、大勢で集まって活動をするためには、みんなが一定のルールを守る必要があります。しかしそのルールをめぐって、先ほど例に挙げたようなトラブルが起きてしまうこともあります。集団でうまくやっていくのは、簡単なことではありません。

では、簡単ではないとわかっていながら、それでもなお、子どもたちが学校に行き、さまざまな集団活動をするのはなぜでしょうか。「発達障害とは何か」に続いて、そもそも「学校とは何か」を考えていきましょう。

みなさんは、子どもが学校に行くのはなんのためだと思いますか？

「毎日元気に通ってくれれば、それでいい」

親御さんや学校の先生に子どもの学校生活の話を聞いていると、「子どもが学校で特別なことをできなくてもいい」と言われることがあります。特別に優れたことができなくても、別にかまわない。毎日元気に学校に通ってくれれば、それで十分だという話です。

確かに、学校では先生や友達との交流、さまざまな集団活動などを通じて、いろいろなことを学べます。登校していれば、何かしらの学びはあるでしょう。そのように考えるのも一理あります。

■「しっかり勉強して、将来に備えてほしい」

「学校でしっかり勉強して、将来に備えてほしい」という話もよく聞きます。トップクラスの成績を、とまでは言わないけれど、一生懸命に勉強をして自分の力を十分に発揮し、よい人生を切り開いていってほしいという話です。

現在の日本では、学校でよい成績を取れば、進学や就職の際の選択肢が増えます。勉強をがんばってほしいというのも、よくわかります。

どちらにも切実な思いがあり、よくわかるのですが、私はこの2つを**「大人が陥りやすい罠」**だと考えています。大人は「登校」や「成績」を学校生活の目標だと思ってしまいがちですが、登校と成績は、どちらも目標ではありません。

登校や成績を目標にすると、燃え尽きる

大人が「登校」や「成績」を目標だと考えていると、子どもも「とにかく学校に通えばいい」「成績を上げるために勉強をがんばればいい」と考えるようになりがちです。

学校に行くのも勉強をがんばるのも、それ自体は悪いことではないのですが、その2つの目標に集中しすぎると、学校を卒業することが人生のゴールのようになってしまうことがあります。例えば、小学校から勉強をがんばって、よい成績を取って目標の中学・高校へと進学し、第一希望の大学に入ることが、最終目的のようになっていくのです。

そのような学校生活を送った子の中には、学校を卒業したときにその後のビジョンを思い描けず、次に何をすればよいのかがわからなくなる子がいます。**学校に通うこと、勉強をがんばることで燃え尽きて、その後の人生で目標を持てなくなる**ことがあるのです。

登校と成績を重視しすぎることには、子どもをそのような方向に進ませてしまうリスクがあります。それで私は登校と成績を危険な「罠」のようなものだと考えているわけです。

学校は「社会に出ていくための土台をつくる場所」

では、学校に行く目的とはなんなのか。私は、学校というのは「社会に出ていくための土台をつくる場所」だと考えています。**子どもたちがなんのために学校に行くのかというと、社会で生きていくうえでの基礎を学ぶため**です。子どもは一人の社会人になるために、そのプロセスの一部として、学校に通うのです。

登校すること、勉強することも重要ですが、それが長い人生につながっていくものでなければ、意味がありません。目標は学校を卒業したあとの人生にあり、登校や勉強は、そのためのプロセスにすぎないのです。

この本の「はじめに」で5つの問題を出しましたが、Q1の答えは次のようになります。

学校はプロセスの場所であり、土台づくりの場所です。

A1　学校とは「**社会に出ていくための土台づくりをする**」場所である

いま日本では、多くの子が6歳頃から十数年間、学校に通うようになっています。学校

目標は学校を卒業したあとの人生にある

生活が子どもの成長にとって、大きな比重を占めるようになったわけです。しかし、一人ひとりの長い人生から考えると、たかが十数年です。人生が80年だとすれば、4分の1にもなりません。**その短い時期の登校日数や成績を目標にして、卒業後のおよそ60年をどう過ごすかという目標を持たないのは、あまりにも危険**です。みなさんにはそのような罠に陥らないよう、注意していただきたいと思います。

このような話をすると「そうは言っても、学校に通ってしっかり勉強し、それなりの学歴を残さなければ、その後の人生で困るでしょう」と言う人もいます。確かに学歴はその後の人生に影響します。しかし、学歴はあくまでもプロセスです。高い学歴を残せば、将来困らないというわけではありません。高学歴でもすることがなくて、苦しんでいる人もいます。一方で、低学歴でも夢を叶えて充実した人生を過ごしている人もいます。学歴は人生に影響を与える一つの要素ではありますが、目標やゴールにはなりません。

寺子屋が学校になり、制度が整っていった

現在の学校を考えるにあたって、ここで少し学校のルーツを振り返ってみましょう。

国際的には紀元前から存在したといわれていますが、日本の記録では7世紀から8世紀にかけて、学校ができていったとされています。ただしその頃の学校は、一定の身分の人だけが通うものだったといいます。現在の学校のように、一般の子どもたちが学習をした場所としてよく知られているのは、江戸時代の「寺子屋」ではないでしょうか。

江戸時代に、武家の子どもは主に「藩校」という施設で学び、庶民の子どもは主に「寺子屋」に通ったそうです。寺子屋では地域の大人が師匠となり、子どもたちに「読み書きそろばん」という初等教育を教えていました。寺子屋で教える内容には実用的なことが多く、庶民の子どもはそれを習うことで、早く家業につけたという側面があったようです。

私は教育史の専門家ではないので、当時の詳細を知っているわけではありませんが、おそらく江戸時代の子どもたちは家業を継いで生活していくために、一つのプロセスとして寺子屋に通っていたのではないかと思います。寺子屋で読み書きや計算を習い、家庭や地域で商売、人間関係などを学びながら、暮らしていたのではないでしょうか。

江戸時代にも幕府が学習を奨励することはあったようですが、明治以降はそのような動きがさらに進み、国としての教育制度が確立していきました。明治時代の後半には教育内容や教科書も一定のものになっていったとされています。そうして制度が確立していく中で、子どもたちが学ぶこともより具体的に定められていったのでしょう。その後、明治維新を経て学校が整備されていったわけですが、江戸時代の寺子屋や藩校、私塾などが、明治時代の小学校の基盤になったといわれています。読み書きなどの初歩を習う場であった寺子屋は、基本的な教育を受けるための学校へと変わっていったのです。

その後も教育制度の整備は続き、昭和、平成、令和の時代を経て、学校で教える内容がさまざまに規定されてきました。

私は、そのように制度が整備されていく中で、学校のやるべきことが増えていったのではないかと考えています。教育内容を定める際、スクラップ・アンド・ビルドという形で、それまでの内容を見直し、現在に合った形につくり変えるのであればよいのですが、**学校教育ではそれまでの内容に新たな内容を追加するという、ビルド・アンド・ビルドの改革**が続いているように見えます。結果、学校の仕事が増えているのではないでしょうか。

それでも現場の先生たちはがんばっておられますが、読み書きや計算の基礎を教えるだけではなく、外国語やプログラミングなどの新しいことにも目を向け、子どもたちのマナーや人間関係にも気を配り、部活動の顧問も担当し、さらに事務仕事も行うとなると、体が一つでは足りないのではないかと思います。

「なんのために学校に行くのか」を考え直す時期に

私は昨今、多くの人が学校や学歴に期待をしすぎていると感じます。親も子どもに学校でいろいろなことを学んでほしいと願い、先生も学校で子どもにあれもこれも教えなければと使命感を持っている。誤解を恐れずにいえば、それが子どもを追いつめる要因の一つになっているように感じるのです。

昔は、学校でそんなにいろいろなことを学ばなくても、社会に出て、十分にやっていくことができました。学歴が高くなくてもつける仕事はたくさんありました。例えば明治時代には、学校で高い教養を身につけ、文明開化に寄与するような人材になる人もいましたが、すべての人が近代国家への道を目指していたわけではありません。勉強が苦手な人が「これは向いていないな」と思ったら、早めに学校を出て、仕事に就いていたわけです。

それに対して現在は、「高校ぐらいは、できれば大学ぐらいは出ておかないと……」と考える人が多くなっています。勉強が嫌でも、しぶしぶやらなければならない期間が、以前よりも長くなっているのです。しかも、学歴志向が高まると同時に、学歴がなくても就ける仕事を見下すような風潮も出ています。「職業には貴賤がない」と言いつつも、現在の日本では「あんな仕事に就きたくない」という話を聞くこともあるのではないでしょうか。

その結果として、学校でよく勉強し、高い学歴を残すことに、大きな期待がかけられている面があるでしょう。しかし、これまでにも述べたように、学歴の高さによってその後の人生が決まるわけではありません。

私たちはいま、「なんのために学校に行くのか」を考え直す時期にきているのではないでしょうか。

まとめ

学校は「社会に出ていくための土台をつくる場所」。

登校や成績など、学校生活だけに目標をしぼるのは危険。

4

いま学校はどんな教育をしているか

「インクルーシブ教育システム」のよいところ

学校のことで悩むお子さんや親御さん、先生たちを目にすることが多いため、教育制度を憂える話をしてきましたが、現在の教育制度にはもちろん優れている部分もあります。私は、文部科学省が提唱している**「インクルーシブ教育システム」**という考え方を、これからの社会にとって重要なものだと考えています。

インクルーシブ教育とは、**障害のある子と障害のない子に別々の教育を行うのではなく、全員が共に学べるような形で教育を行うこと**を意味しています。文部科学省はそのような教育を「システム」として実施することを目指しています。それがインクルーシブ教育システムです。

文部科学省はインクルーシブ教育システムの定義として、障害者権利条約の「人間の多様性の尊重等の強化、障害者が精神的及び身体的な能力等を可能な最大限度まで発達させ、自由な社会に効果的に参加することを可能とするとの目的の下、障害のある者と障害のない者が共に学ぶ仕組み」という考え方を示しています。

この定義を読むと、障害のある子と障害のない子が共に学びながら多様性を理解していくこと、障害のある子が十分に力を発揮し、社会参加していくことを目指す教育のように思えますが、文部科学省はそれ以上に柔軟な仕組みをつくろうとしています。

簡単にいうと、障害のある子と障害のない子が共に学べる環境と、障害のある子が個別に学べる環境をどちらも整備し、その間に連続性を持たせて、すべての子どもがどちらの環境も活用できるようにしていこうとしているのです。

これは合理的な考え方で、そのような環境設定をすることに対して、私は全面的に同意しています。学校に多様な学習環境が用意されていて、子どもたちが自分の状態に合わせて環境を選べるようになれば、誰もが学びやすくなるでしょう。

現在の学校教育にはまだ課題がある

文部科学省はインクルーシブ教育システムの確立に向けてさまざまな取り組みを実施し

ていますが、現在の学校教育にはまだ課題もあります。

例えば、学校で先生が子どもたちに**「いいですか、一度しか言わないからよく聞いてください**ね」と呼びかけることがあります。これは、**インクルーシブ教育システムの定義にある「人間の多様性の尊重」を真っ向から否定する指導方法**です。

このような指導では、「口頭の指示を一度で完全に理解できる」という子どもしか学習できません。それ以外の子どもは、学習する機会を失います。しかし人間には、口頭の指示を理解するのが得意な人もいれば、聞くことよりも視覚的な文字などの指示を理解するのが得意な人もいます。それ以外の方法が得意な人もいるでしょう。**どのようなタイプの人も学習できるように指導方法を工夫する**のが、先生の仕事であるはずです。

指導が上手な先生は、口頭で一度指示するだけではなく、黒板に同じことを書いて示したり、指示を繰り返したり、手本を見せたりして、子どもたち全員が学習できるように工夫しています。そのようなちょっとした工夫で、学習環境を整えていくことは大切なことです。

「学校の標準」をゆるやかにして、みんなが学びやすい環境をつくっていくのです。

「視覚的構造化」を活用している学校もある

私たち専門家は、発達障害の子を支援するために、環境を「視覚的構造化」することがあります。発達障害の子、特に自閉スペクトラム症の子は、曖昧なものごとを理解するのが苦手です。例えば大人から「きれいに片づけよう」と言われたとき、どのくらい「きれいに」するのかが判断できず、困ってしまうことがあります。そのようなタイプの子は絵や写真、文字、実物などの視覚情報があったほうが、判断しやすくなります。そのように**視覚的な枠組みを示して、子どもに情報をわかりやすく伝えることを「視覚的構造化」**といいます。

この考え方を取り入れて環境を整えると、発達障害の子は活動しやすくなります。例えば、教室を移動する際に口頭の情報、写真や文字で示された情報などの中から、自分が理解しやすい情報を選んで使うことができます。

一部の保育園や幼稚園、学校は、この「視覚的構造化」の考え方をとり入れて、環境を整えています。そのような施設では発達障害の子の困りごとが減り、また、発達障害がない子どもたちの活動もスムーズになっていることが多いです。なぜかというと、**視覚的に**

構造化された環境では、情報の選択肢が増えているので、障害の有無に関係なく、誰もが活動しやすくなるからです。

大人も、空港のような広い場所に行ったときには、自分が得意なやり方で情報を収集します。口頭で確認するのが得意な人は、航空会社のスタッフを探して質問をするでしょう。人と話すよりも地図や案内板を見るのが得意な人は、そのような表示を探します。それと同じで、子どもたちも教室で、自分の得意な方法で情報を得られるようになれば、活動しやすくなるのです。

構造がわかりにくい環境では、どうなるか

視覚的構造化の考え方がとり入れられれば、子どもたちみんなが活動しやすくなるわけですが、では、曖昧な環境では、子どもたちの行動はどのようになるでしょうか。

情報提示が画一的な環境では、理解しづらいため、子どもたちは「空気」を読もうとします。「たぶん、こうだろう」と考えて行動することが増えます。そのような環境では、子どもたちが**「空気を読む練習」**のようなことをしてしまうのです。

「何をすればよいのかよくわからないけど、とにかくまわりを見て、みんなと一緒のことをしておこう」と活動することが増えていきます。それでは、一人ひとりが自分に合ったやり方で学んでいくことはできないでしょう。情報提示が子どもにわかりづらい環境は、見直さなければなりません。

学校の中の「ユニバーサルデザイン」

視覚的構造化をとり入れている学校例のように、**「誰もが活動しやすい環境」を設計すること**を**「ユニバーサルデザイン」**といいます。

学校でいうと、校舎にエレベーターやスロープを設置するのも、ユニバーサルデザインの一つです。身体障害がある子やケガをした子は、階段をのぼるのが難しい場合もあります。学校は、そのような子どもにとっても活動しやすい環境を整えるため、あらかじめ移動の選択肢を増やしているわけです。学校のように開かれた場所には、さまざまな子どもたちが困難を感じることなく参加できるように、土台をつくっておく必要があります。そのための設計が、ユニバーサルデザインです。

では、発達障害の子どものためのユニバーサルデザインとは、どのようなものかというと、先ほど挙げた「視覚的構造化」のような例になります。一部の学校や特別支援学級などでは視覚的構造化が活用されていますが、それを通常学級でも広くとり入れれば、誰もがいまよりも活動しやすくなるはずです。

「すべてのクラスで、『視覚的構造化』のようなことまで対応するには、先生の人手が足りない」と言う人もいますが、先ほど述べたように、発達障害の子にとってわかりやすい環境は、ほかのすべての子どもたちにとってもわかりやすい環境です。

誰もが自分で判断しやすい環境になれば、結果として余計なトラブルが減り、子どもたちみんなが自律的に活動し、困ったときには先生に聞きに行く、ということが実現できるようになるでしょう。実際に、視覚的構造化を活用している保育園や幼稚園、小学校では、そのような形で子どもたちが活動しています。学校関係者のみなさんには、ぜひ「学校の標準」をゆるめて、誰もが学びやすい環境をつくっていってほしいと思います。

すべての学校にそのような環境ができたら、いま発達障害と診断されて薬を飲んでいる子どもたちの半分くらいは、病院に通わなくても済むようになるのではないでしょうか。

私は学校の環境を整えることを、それぐらい重要なことだと思っています。

学校の中の「合理的配慮」

学校の環境調整を考えるときに、ユニバーサルデザインと同様に重要なことがほかにもあります。その一つが「合理的配慮」です。

ユニバーサルデザインの考えに沿って、さまざまな子どもが活動しやすい環境をつくっても、それですべてが解決するわけではありません。活動しやすい環境でも、子どもが困難を感じることはあります。その場合は**個別に配慮をする必要があります。それが「合理的配慮」**です。

例えば、学習障害の特性があって「読むのが苦手」な子どもは、文字情報を理解することが難しくて、さまざまな場面で困難を感じることがあります。口頭での指示に視覚的な情報を加えても、それだけでは十分な支援にならないこともあるのです。その場合には個別に配慮して、学びやすい環境を整える必要があります。

読むのが苦手な子の場合、パソコンやタブレット機器で音声読み上げソフトを使えば、情報を理解しやすくなることがあります。そのようなツールを使うことが本人や家庭、学校にとって過度の負担にならなければ、合理的な配慮として実施することができます。ユニバーサルデザインに加えて、合理的な配慮を行うことで、より多くの子に学びやすい環境を用意することができるわけです。

学校には合理的配慮をする義務がある

日本には「障害者差別解消法」と呼ばれる法律があります。その法律で、障害のある人に合理的配慮を提供することは義務であると定められています。

合理的配慮は簡単にいうと、双方にとって合理的であり、また、過度に負担のない配慮です。障害のある人が希望することを、学校がすべて実施しなければならないというわけではありません。しかし、障害があることで社会参加に困難を感じている人がいて、本人や保護者がその解消を希望しているときには、学校はその人と話し合い、どのような配慮ができるのかを検討する義務があります。

なお、合理的配慮の提供について、国や自治体には法的義務、民間事業者には努力義務があるとされていましたが、障害者差別解消法は２０２１年に改正され、民間事業者にも法的義務があることが定められました。今後、改正法が正式に施行され、私立学校のような民間事業者にも合理的配慮を提供する法的義務が生じるようになります。

ここでは学校の例を出しましたが、今後は学校だけでなく、一般企業にも合理的配慮を提供する法的義務があるということになります。

なぜか合理的配慮を断られることがある

そのように法整備は進んでいるのですが、合理的配慮の提供を学校から断られることがあります。例えば、子どもが読むことに困難を感じていて、音声読み上げソフトを使えば学習しやすくなることがわかっているときに、その配慮が本人や家庭にも、学校にも過度の負担にならないことを説明しても、すぐには認められないケースがあるのです。

これはわりと最近の話ですが、子どもがソフトの利用を希望したあと、教育委員会で２カ月間も議論が行われ、「診断書を提出するように」と指示されることがありました。法的には、合理的配慮を希望するために医学的な診断書を提出する必要はないとされています。

発達障害などの診断がなくても、困っている子はいます。困っている事実を示せば、診断書がなくても合理的配慮を希望することはできるのです。それなのに、なぜか発達障害の診断にこだわって、子どもの学習機会を何カ月間も奪おうとする人たちがいます。

これは一部地域の話ですが、私は、学校や教育委員会が「もっと学びたい」と思って大人に相談している子どもから学習機会を奪うことを続けていたら、わが国は滅びてしまうのではないかと本気で危惧しています。

当たり前のように行われている配慮もある

じつは学校で昔から当たり前のように行われている合理的配慮があります。それはメガネの利用です。

学校の先生は黒板に見やすく大きく、文字や図などを書きます。それでも見づらい子がいれば座席を前の席に替えたりして、その子にもよく見えるように工夫します。

しかし、座席を替えてもまだ見づらいという場合もあります。そのときには家庭でメガネを用意し、子どもがメガネをかけて授業を受けるようになるでしょう。これは合理的配慮です。個別の配慮を必要とする子が、家庭と学校の双方にとって過度に負担にはならない形で、学びやすい環境を整えているわけです。

子どもが「学校でメガネを使いたい」と言ったとき、先生がそれを拒否したり、教育委員会で2カ月も議論したりすることはありません。メガネをかけるほうが学びやすくなることを知っているからです。私は、音声読み上げソフトの利用もメガネの利用と同じように、当たり前のことになるべきだと考えています。

子どもへの支援を3つのステージで考える

私は子どもたちへの支援を**「ユニバーサルデザイン」「合理的配慮」「特別な場での個別の教育」という3つのステージ**で考えるようにしています。

ファーストステージは「ユニバーサルデザイン」です。ここでは誰もが活動しやすい環境を整えます。うまくデザインできれば、9割程度の子はストレスなく活動できるようになるはずです。環境を整えるとともに、子どもたちに「人間には多様性がある」ということを伝えていくのも大事です。学習の選択肢が幅広く用意されていることと、人間には多様性があることを、合わせて理解していくのが大切だと思います。

セカンドステージは「合理的配慮」です。どんなにうまくユニバーサルデザインを実施しても、困難を感じる子はいます。私はそれがおよそ1割程度ではないかと思っています。その1割の子にはオプションプランを提示する必要があります。それがメガネや音声読み上げソフトの利用のような合理的配慮です。ここまでの支援は通常学級で実施すべきことです。

サードステージは「特別な場での個別の教育」です。通常学級では、障害のある子に特化した活動を十分に設定できない場合もあります。その場合には通級指導教室や特別支援学級、特別支援学校など、子どもに合った学習環境を提供することも必要になります。これはいわばスペシャルメニューになります。

なお、特別な場での個別の教育の枠組みや具体的な支援の内容、学級・学校の選び方などを第3章でくわしく解説していきます。

子どもが3つのステージを行き来できるように

私はサードステージの「特別な場での個別の教育」をほかの2ステージから切り離すのではなく、ステージ間に連続性を持たせることが大切だと考えています。3つのステージが3層構造でつながっていれば、本人が自分の意志で各ステージを行き来できます。**集団の中で学べるときはそこで学び、特別な場での個別の支援が必要なときには違う環境を活用する**という形で、自分に合った環境を自分で選んで学習できるようになるのです。

この考え方は、文部科学省が「インクルーシブ教育システム」として提唱していることと重なります。学校にはそのような環境が整備されていくわけですが、社会のさまざまな場にも同様の環境をつくっていくことが大事だと思います。

私は「ネスト・ジャパン」というNPO法人の代表理事を務めています。そのNPO法人では余暇活動を通じて、地域にサードステージをつくろうとしています。

ネスト・ジャパンでは、趣味の活動を介したコミュニティづくりを行っています。学校や社会のように大勢が集まっているコミュニティとは別に、少人数で好きなことや得意な

子どもへの支援を3つのステージで考える

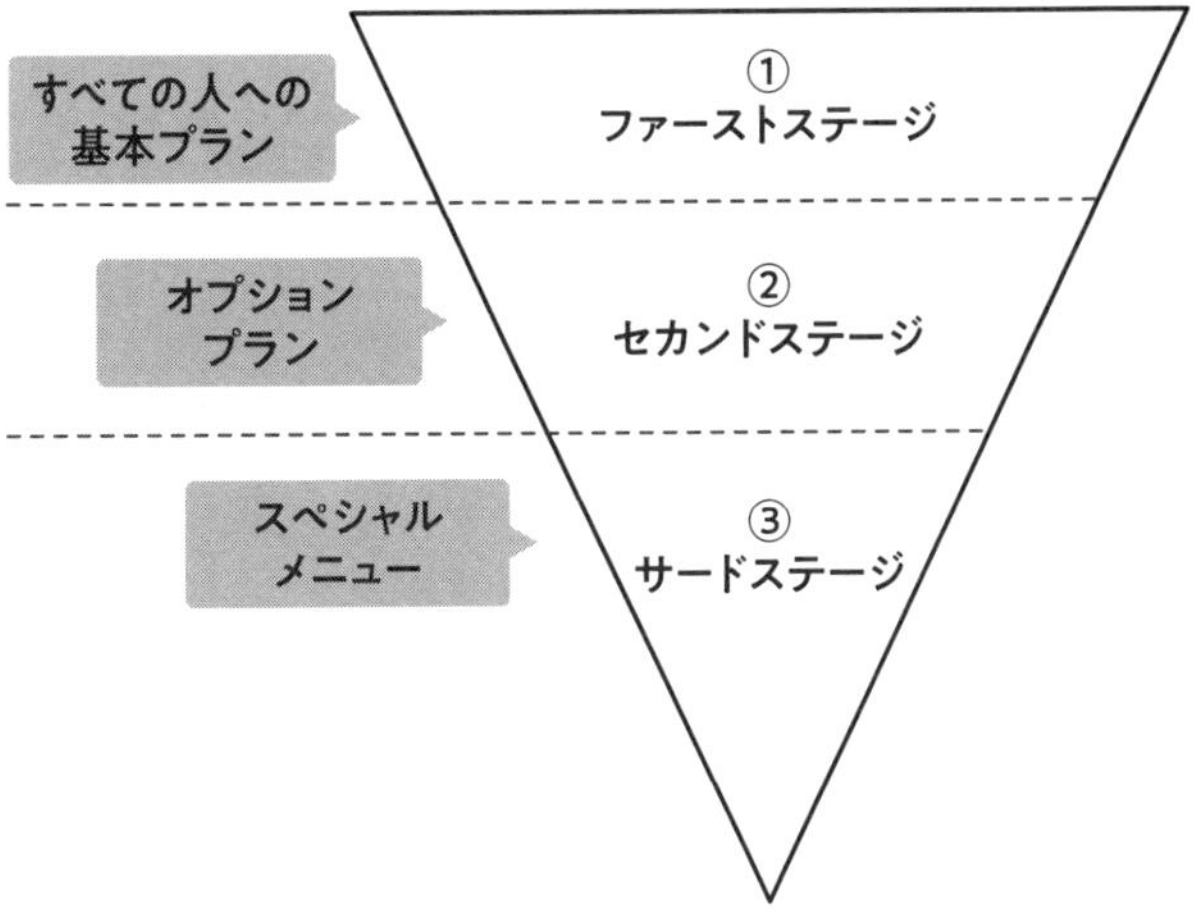

①ファーストステージ

「ユニバーサルデザイン」

誰もが活動しやすい環境の設計。９割がストレスフリーで活動できる。
多様性の尊重。発達の特性に寛容。

②セカンドステージ

「合理的配慮」

個別の配慮が必要な人への対応。１割程度の人が必要とする。
最大限のインクルージョン。

③サードステージ

「特別な場での個別の教育」

特有の課題に合った支援や環境の提供。趣味のコミュニティなども
当てはまる。社会の中のネスティング。

ことをするコミュニティをつくろうとしているのです。

私はそのようなコミュニティが学校や社会と切り離されているのではなく、社会の中に入れ子構造で存在することが重要だと考えています。**小さなコミュニティだけにいるのではなく、大きな社会と小さなコミュニティを行ったり来たりすることが大事**です。

入れ子構造をつくることによって、学校や社会のような集団が得意ではない人も、小さなコミュニティでのびのびと活動して自信をつけながら、大きなコミュニティでも意欲を持って活動していくことができるのではないかと思っています。

ネスト・ジャパンの「ネスト」は、英語で「動物の巣」という意味です。社会の中に小さな巣のような活動拠点をつくっていきたいと考え、そのように名づけました。なお、ネストを動名詞形にして「ネスティング」とすると、「入れ子にすること」という意味になります。**社会と入れ子構造の活動拠点をつくる**という趣旨で、ネスト・ジャパンを運営しています。そんな考え方も、3つのステージを考えるヒントになればと思います。

3つのステージを意識すると、支援をしやすくなる

ユニバーサルデザイン・合理的配慮・特別な場での個別の教育という3つのステージを意識して学習環境を考えるようにすると、子どもが困りごとを抱えたときに支援をしやすくなります。

例えば、第1章で紹介したように子どもが教室を飛び出してしまうことが続いていて、人間関係のトラブルなどの明確な要因が思い当たらないときには、次のように支援を検討することができます。

「口頭でのみ指示をしている」など、情報の示し方が画一的な場合

ユニバーサルデザインができていないと考えられます。ファーストステージの支援が必要です。誰にでもわかりやすく伝えることを意識すると、子どもが授業に参加しやすくなる可能性があります。

情報の示し方を工夫していても子どもが飛び出してしまう場合

その子には個別の合理的配慮が必要かもしれません。セカンドステージの支援を検討しましょう。本人や親と話をしてみると、子どもが「こんなことに困っている」ということ

がわかる場合があります。

■合理的配慮をしても学習につながりにくい場合

あるいは、現在の環境では子どもに合った配慮をするのが難しい場合には、特別な場での個別の配慮が必要と思われます。家庭と学校でサードステージの支援を検討する必要があるかもしれません。

このように、91ページの図で示したような3層構造を意識することで、親も先生も「この子にはいま、どのステージの支援が必要なのか？」ということを考えやすくなります。その際、3層が連続的につながっていれば、別のステージに移行することも簡単になります。3つのステージを自由に活用できることが重要です。

発達の特性には、寛容でいてほしい

3つのステージについて、もう一つ言っておきたいことがあります。それは、**ファース**

トステージ（ユニバーサルデザイン）では発達の特性に対して寛容でいてほしいということです。もちろん、どのステージにも寛容な姿勢は必要なのですが、特にファーストステージでは重要になります。

例えば「不注意」や「多動性・衝動性」の特性が強い子は、十分にユニバーサルデザインが行われたファーストステージの環境でも、うっかりミスをしてしまうことがあります。環境を調整しても、ミスを完全になくすことは難しいのです。また、姿勢が崩れること、落ち着きなく立ち歩くことも、完全にはなくならないと思います。そのとき大人が「こんなに工夫しているのに立ち歩くなんて！」と叱責したりすると、子どもが落ち込んで、自信を失ってしまうことがあります。

学習環境を調整すれば、注意欠如・多動症の特性が強い子もミスは減りますし、ある程度は落ち着いて活動できるようになります。その子なりに集中し、一生懸命学ぼうとしていることを理解し、寛容に見守ってほしいと思います。

ファーストステージが寛容であれば、子どもたちはそこで多くのことを学べるようになります。一方で、ファーストステージが不寛容だと、その場の「標準」が狭くなってしまい、そこから弾き出される子どもが増えます。すると、傷ついて苦しむ子どもが増え、それをカバーしなければならないので、大人の仕事も増えます。
負の連鎖を防ぐためにも、特にファーストステージでは、発達の特性を寛容に受け止めてほしいのです。

まとめ
「インクルーシブ教育システム」の整備が進んでいる。
子どもが活動しやすい環境を自分で選べるようになっていく。

5 あらためて、親と先生にできることを考える

「学校の標準」をおおらかなものにすると同時に、3つのステージを整えていくためには、やはり親と先生の協力が欠かせません。ここであらためて、親ができること、先生ができることを考えていきましょう。

親ができること 「要求」ではなく「相談」を心がける

子どもの学びやすい環境を整えていくためには、子どものことをよく知っている親が、具体的な困りごとを学校に伝え、家庭と学校で情報を共有することが大切です。

しかし、親が困りごとを「こうしてほしい」という形で伝えると、学校に対する「要求」のようになってしまうことがあります。「子どもがこういうことで困っていて、こうすれば解決しそうなのでやってください」という伝え方では、学校側に「はい」「いいえ」の二択を迫る形になります。それがたまたま学校側の考えと一致していればよいのですが、い

つもそううまくいくわけではありません。考えが合わない場合は「いいえ」と言われてしまい、学習環境の調整が進まなくなることがあるので、注意が必要です。

学校の先生には、先生としての教育方針があります。先生として「こうしたい」という考えがあるわけです。それに対して親が「こうしてほしい」という思いをぶつけると、先生の考えを通すのか、親の考えを通すのか、どちらかを選ぶ競争のようになってしまうことがあります。そうなると、話し合いがうまくいかなくなる場合が多いです。**学校に困りごとを伝えるときには、「要求」ではなく「相談」になるように心がけることが大事**です。

親ができること　「こうなります」を伝えて、相手の意見を聞く

では、どのような伝え方をすれば「相談」になるのでしょうか。

私はいつも親御さんや学校の先生と話すとき、**「お子さんにはこういう特徴があって、こういう条件だと、こうなります」という伝え方**をしています。**「だから、こうしてください」とまでは言いません。**それがポイントです。

もしも、親御さんや先生から「それで、どうすればいいですか？」と聞かれたら、考え

られる対応例を答えますが、まだ聞かれないうちにこちらから「こうしてください」とは言わないようにしています。すると、**具体的な情報はしっかり提供して、対応については一緒に相談しながら決めていくこと**ができます。

ときには、親御さんや先生のほうから「だとすると、こうすればいいですかね？」と提案されることもあります。そのような形でお互いに考えを出し合って、お子さんが活動しやすくなるように環境を調整していくわけです。

相談をするときには、このように「状況を認識して相手に伝えること」と、それから「相手の意見を聞くこと」の両方が必要です。そうすることで、お互いに納得しながら、合意を形成していくことができます。

支援について相談するときに、親としては「どんな頼み方をすれば、うまく対応してもらえるだろう……」と悩むこともあると思います。しかし「頼みごと」として考えていくと、どうしても「こうしてほしい」が出やすくなります。**頼みごとをするよりも、困りごとを打ち明けるほうが、先生が動いてくれる**可能性は高いと思います。

親御さんが説明する場合には「こういうときに、こんなことが起きてしまって、困っています」と言うとよいかもしれません。試してみてください。

親ができること

相談しても、話が進まない場合は

担任の先生に「こんなことが起きて困っています」と伝えたとき、一緒に対応を考えてくれる先生だとよいのですが、そうならない場合もあります。例えば「学校でも注意していいます」「ご家庭でもよく言い聞かせてください」などと言われてしまい、その先の対策がまったく進まないということもあるのです。

その場合には、同じ話を繰り返していても対応が特に変わらない可能性が高いので、やり方を変えましょう。私のおすすめの方法は、その先生と一対一で話すことを避けて、ほかの先生にも話し合いに入ってもらうようにすることです。学校には**「特別支援教育コーディネーター」**を担当している先生（特別支援学級の先生が多い）や**スクールカウンセラー**が必ずいます。

親御さんから担任の先生に2〜3回相談しても話が通じなかったら、ほかの人に入ってもらうことを検討したほうがよいと思います。話がかみ合わないまま相談を続けていると、お互いに誤解が広がることもあります。それよりも、支援が必要な子どもへの対応にくわしい先生もまじえたほうが、建設的な話し合いが進むようになるでしょう。

小学校時代の担任といまでも連絡をとり合うことも

学校の先生の影響力というのは本当に大きいもので、私は小学校時代の担任の先生と、いまでもＬＩＮＥで連絡をとり合うことがあります。

私の小学校時代には、担任の先生が合わせて5人いました。1・2年生のときは同じ先生で、その後は毎年担任が変わりました。その中に影響を受けたというか、相性のよかった先生が2人いました。私はその2人の先生と、いまでもときどきやりとりをしています。

一人はもともと美術の先生で、ちょっとハメを外すタイプの先生でした。型破りなところが魅力で、例えば授業中にみんなの気が向くと、急に次の時間を「お楽しみ会」にするようなことも。そういう「ゆるい」ところがよくて、でも、ゆるい中でもみんなそれなりに勉強もしていたので、学級運営が上手な先生だったのだと思います。私はその先生が大好きでした。

それからもう一人、また別のタイプで好きな先生がいました。その先生はどちらかというときちんとした先生でしたが、私たちの意欲を大事にしてくれました。ハメを外すようなことはありませんでしたが、子どもの知的好奇心は大事にしてくれるタイプでした。そのメリハリが、私には合っていたのだと思います。

その先生は他校から転任してきたのですが、驚いたことに、4月の新学期の初日に児童全員の顔と名前を覚えていました。私は子どもながらに「この先生はプロだ！」と感じました。それもあって、私は先生のことを信頼していました。

当時は「どうやって調べたんだろう?」と不思議に思っていましたが、数年前にお会いする機会があり、聞いてみたことがあります。先生の話によると、事前にアルバムをもらって、顔と名前を覚えてから着任したのだそうです。それを聞いて「なるほど！」と思いました。その先生は着任前からの努力と工夫によって、子どもたち一人ひとりに向き合い、信頼を得ていたわけです。

おふたりの先生はそれぞれ違うタイプでしたが、私はどちらの先生のことも好きでした。**学校の先生というのは、優しければよくて、厳しく指導するのはダメなのか**というと、そういうわけでもありません。子どもたち一人ひとりに学習のスタイルがあるように、学校の先生にも、それぞれの教育のスタイルがあります。先生方には、自分らしいスタイルで子どもたちに向き合い、学習環境を整えていただけたらと思います。

先生ができること

子どもに無理な目標を課さない

先生にはそれぞれのスタイルで指導をしていってほしいのですが、3つのステージで学びやすい環境を整えるために、一つ意識してほしいことがあります。それは「子どもに無理な目標を課さない」ということです。

学校の先生は、多くの子の成長を見てきたからなのか、子どもを見て「この子はがんばれば、ここまでできるはずだ」ということを考えがちです。「もっと伸びるはずだ」と考え、それを目標として設定することがしばしばあるのです。また、親御さんから「もっとできるはずだから、がんばらせてください！」と言われて、目標を上げることもあります。

しかし、そうやって目標を高めに設定すると、どうしても、子どもに負担をかけることが多くなります。子どもを「学びやすいステージ」ではなく、「苦労が多いステージ」に導いてしまうことが出てくるのです。難しいことの多い環境で子どもをがんばらせると、成長するよりは、つぶれてしまうことのほうが多くなります。特に発達障害の子の場合、苦手なこともあるので、厳しい環境ではつぶれてしまいがちです。

小学校や中学校くらいの段階では、目標をやや低めに設定しておくほうが無難です。**目**

標を低めに設定しておいて、本人がその目標を達成できたら「すごいね！」と声をかけるくらいのほうが、活動しやすい環境になります。また、本人の自信も育ちやすくなります。基本的に人間は、まわりの期待よりもよい結果を残せたときのほうがモチベーションは上がるものです。

子どもの自信やモチベーションを大事にするという意味では、特に小・中学校段階では、目標はやや低めがよいと思います。

先生ができること

子どもの自信とモチベーションを大事に

大学生くらいになると、自分で学びたいことを決めて進路を選ぶようになるので、若干高めの目標を設定する場面も出てきます。例えば専門職を目指す場合には、本人も目標を高く設定するようになりますし、まわりから「このぐらいのレベルができないと、専門家にはなれないよ」と目標を示されることもあります。そのように基準を示さなければ、必要な知識やスキルを、本人が具体的にイメージできない場合もあるでしょう。

教育の段階によって目標設定の仕方は変わりますが、小・中学生くらいの子どもは「学びたいこと」がそこまで明確ではないことも多いので、低めの目標設定をおすすめします。第1章では、問題が起きてから対応するのではなく、予防的に対応することが重要だと解説しましたが、目標設定にも同じことが言えます。

子どもが挫折して「自分はダメだ……」と感じてから目標を調整するのではなく、最初から達成しやすい目標を示すようにしましょう。そうすることで、子どもが自信とモチベーションを失わずに、ものごとに取り組んでいけるようになります。

先生ができること 授業をどこまで調整すればよいのか

ここまでの解説を整理すると、**先生には「親と話をして子どもの特徴を理解する」「その子に合った環境を整え、やや低めの目標を設定する」ということを期待する**ということになりますが、いまは学校の先生たちも本当に多忙です。一人ひとりの子どもにそこまで丁寧に対応することは、難しいのではないかと思います。先生たちが多忙な中で、現実的にできることを考えていきましょう。

■国語や算数では、課題の難易度を調整する

学校では多くの場合、国語や算数、理科、社会などの課題を用意するとき、全員に一律の難易度を設定します。例えば計算のテストをするときには、全員に同じ問題を出すことが多いです。テストに向けて練習問題を解くときにも、全員で同じ内容のプリントに取り組むことが多いと思います。

その難易度が子どもたちの平均よりもやや高めに設定されていると、うまく学べずに困難を感じる子どもが出てくることがあります。そのままでは、誰かが教室を飛び出してしまうこともあるかもしれません。

できなくて困っている子が多い場合には、難易度を調整し、いくつかの段階を用意することをおすすめします。実際に、上手な先生はそのように対応しています。計算の課題であれば、問題の難易度を全体的に下げる。そして**前半に簡単な問題を入れておく。後半には「時間がある人向け」の難問も用意する。**そうすると、みんなで同じ「計算の課題」に取り組みながら、それぞれが自分に合った難易度に挑戦できるようになります。

全体的にまだ難しいと感じる子は、簡単な問題に取り組む。それ以外の問題はできるところまでやる。余力がある子は、より難しい問題にもチャレンジする。結果として、子ど

もたちそれぞれが「自分に合った課題をやらせてもらった」と感じます。

一人ひとりに個別の課題を設定するのは難しいかもしれませんが、みんなで同じという課題を出すときに難易度にある程度の幅をもたせるのは、実際に行っている先生も大勢いますし、それほど大変なことではないように思います。**難易度を調整すると、勉強が苦手な子も取り組みやすくなりますが、勉強が得意で「授業が退屈」と思っているような子にも、その子に合った課題を示せる**ようになります。苦手な子、得意な子に対応する意味でも、難易度を調整するというのは一挙両得のよい方法だと思います。

体育や音楽でも、課題を調整することができる

体育や音楽、図工のように実技を行う教科でも、同じように課題を調整することができます。例えば体育の授業では、最初に先生や上手な子どもが見本を見せて、全員でその動作を練習していく、というようなやり方もありますが、それでは目標が高すぎて、自信を失ってしまう子もいます。その場合には、見本はもっと簡単な内容にしておいて、まずは見本を目指す、という形に調整するとよいでしょう。そのうえで、余力のある子はもっと難しい課題にチャレンジできるようにする。先ほどの計算の例と同じです。**段階を用意し**

ておけば、どの子も自分に合った課題に取り組めるようになります。

私が見聞きしてきた中では、体育の授業では段階別の調整をしている先生も多いように感じます。例えば鉄棒で逆上がりをするという課題があるときに、全員一律でとにかく逆上がりを習得させるという指導は、少ないのではないでしょうか。苦手な子には少し簡単な課題を出して（鉄棒に飛びあがる、踏み切り板を使うなど）、得意な子にはより複雑な動作も紹介する、といった指導のほうが多い印象があります。それと同じことをほかの授業でもできれば、多くの子どもたちが授業に参加しやすくなり、「教室を飛び出す」といった困りごとも減るのではないか、と思います。

先生ができること

「教育のプロ」として仕事をするということ

上手な先生は「子どもたちの特徴を見ながら、メンバー構成に応じて課題の難易度を調整する」ということを日々、実践されています。特別支援教育を担当している先生の授業を拝見しに行くと、「この先生は子どもの行動を予想して、上手に授業を計画されているなあ」と感心することがあります。

子どものことを理解して、子どもの行動を予想して授業の計画を立てるというのは、なかなか難しいことかもしれません。ただ、プロの仕事というのはそもそもが難しいものだと思います。

例えば営業職の人も、お客さんに合ったプランを立てて商品やサービスを提案します。営業の仕事で「お客さん全員に一律のプランを示す」ということは、まずないでしょう。営業成績のいい人はプレゼンテーションの内容を、相手によってアレンジしているはずです。お客さん一人ひとりの顔を思い浮かべて、仕事をしているわけです。

私たち医師も、それは同じです。患者さん全員に同じ治療をするということは、あり得ません。患者さんの症状やその人の特徴を理解し、それぞれに合った治療法を考えます。

それと同じように、多くの学校の先生たちは、子どもたち一人ひとりの顔を思い浮かべながら、授業の準備をされていると思います。私の小学校時代の担任の先生は、私たちに会う前からアルバムを見て、私たちのことを考えてくれていました。それがプロの仕事ではないでしょうか。

まとめ
親と先生がよくコミュニケーションをとって学習環境を整えれば、子どもは自信とモチベーションを持って、成長していけるようになる！

誰もが活動しやすい学校をつくっていくために

この第2章では「発達障害とは何か」「学校とは何か」という基本的な考え方を解説してきました。いま、学校の標準が狭くなり、子どものやるべきことも、先生のやるべきことも増えてしまっています。学校は「社会に出ていくための土台をつくる場所」ですが、学校に通って勉強するだけで精一杯になってしまう子どもがいます。社会に出る前に、自信やモチベーションを失ってしまう子どもがいるのです。

そのような状況を変えていくための方法として、学校の環境を3つのステージで整備するという考え方を紹介しました。それは私だけが考えていることではなく、文部科学省が提唱している「インクルーシブ教育システム」とも一致する考え方です。

学習環境が多様になり、課題の難易度にもある程度の幅ができれば、「学校の標準」はおおらかなものになり、多くの子どもたちが学校でのびのびと学べるようになるはずです。そのためには、学校の先生だけががんばるのではなく、家庭と学校が協力して、さまざまなことを調整していく必要があります。

親と先生では立場が違うので、意見が対立することもあると思います。そんなときには、この章を使って「基本」を確認しながら、話し合いを重ねてほしいと思います。**親御さんは先生に「要求」ではなく、「相談」することが大切**です。先生は「学校の標準」が狭くならないように注意しましょう。**授業や課題に幅をもたせ、子どもに高い目標を課さないことが重要**です。

多くの現場では親と先生が協力して、子どもたちのためによい環境を整えようとしています。この章では、私がこれまでに見聞きしてきた優れた対応を、いくつかとり上げてきました。みなさんにはそのような例を参考にしながら、子どもたちのためにできることを考えていただきたいと思います。

そのためには、大人たち一人ひとりが小さな工夫を重ねながら、丁寧にコミュニケーションをとっていくしかありません。本書がそのヒントになれば、と願っています。

第3章

学力と知的障害・学習障害

学びは重要だけど、学力にはこだわらない

第2章では「発達障害の子の学校生活」を解説しました。学校に、誰もが活動しやすい環境を整えることの重要性をお伝えしました。

一人ひとりが得意なやり方で学べる環境が整えば、子どもの力が伸びやすくなるわけですが、一方で私は「大人が成績や学歴を重視しすぎると、子どもは学校生活だけで燃え尽きてしまう」という話もしました。

学びやすさは大事にしたい。でも、学力にはこだわらないようにしたい。

発達障害の子の学習を進めていくときには、この2つの考え方を両立させることが重要になります。「学びやすい環境」については第2章でくわしく解説したので、第3章では「学力」を考えていきましょう。

そもそも「学力」とは何か。成績や学歴以外にどんなことで学力を理解すればよいのか。勉強が苦手で学力が伸びにくい子は、どんな学習をしていけばよいのか。発達障害と学力

について、解説していきます。

この章を読むとわかること

- 学力とは何か。どうして私たちは成績や学歴を重視するのか
- 教育とは何か。学力を伸ばすのが教育なのか
- 勉強が苦手な子は、どんな学習をすればよいのか

困りごと③ 親や先生が口出ししないと、宿題をやらない子

最初に、学力に関連する困りごとを紹介しましょう。発達障害の子の困りごととしてよく相談されるのが「宿題が大変」という話です。

お子さんが勉強を苦手で、家で宿題をやりきれないという話がよくあります。宿題ができないという話以外に、お子さんが家で勉強しないという話も多く、親御さんから「このままで大丈夫でしょうか」などと相談されます。

家庭で宿題をやるように声をかけても、学校の先生から注意してもらっても、どうして

も宿題ができない。そのせいで親がイライラしてしまい、宿題をめぐって親子の間で言い争いをすることが増えている。子どももストレスをためていて、宿題のプリントを破いてしまうことがある。何を言っても逆効果になり、どう対応すればよいのかがわからない。そんな悩みを聞くことがしばしばあるのです。

みなさんは「宿題が大変」という場合に、どんな対応ができると思いますか？　声をかけても逆効果になるのだとしたら、どうすればよいのでしょう。それでも「勉強は大事」ということを言い続けるべきか。苦手な子には無理をさせず、本人が勉強の重要性に自分で気づくまで、口出しをせずに待ったほうがよいのか。家庭と学校でそれぞれ何ができるか、考えてみましょう。

親ができること　一通り教えたら、それ以上は何もしない

第2章でも解説しましたが、学校のような集団で、全員に一律の課題が出ていると、やりきれない子が出てきます。「宿題が大変」というのは、おそらくそういう状況です。全員

困りごと③　よくある「宿題が大変」という相談

一律の課題が出て、ついていくのが難しいときには、無理をしないほうがよいでしょう。

子どもに合わせて課題がある程度調整されていれば、その子がプリントを破るような状況にはなりません。**「宿題が大変」という場合は、全員一律の課題が出ているか、調整が不十分で、宿題が子どもに合っていない**ということです。それは子どもの問題ではなく、宿題の設定の問題です。そのような課題に取り組んでも負担がかかるだけで、学習にはつながらないので、無理をする必要はありません。

宿題については、以下のような対応をおすすめします。

①宿題の基本的なコンセプトを教える。 宿題というのは家庭など学校以外の場所でやって、期限までに提出するものだということを説明する。

②最初は子どもが忘れること、うまくできないこともあるので、少し手伝う。 宿題をすることが定着したら、そこから先は基本的に本人のペースに任せる。

③学年が上がると、子どもが宿題をやりきれなくなることもある。 そのとき、無理にやら

せようとしない。課題が合っていないと考える。

④学校の先生に宿題の難易度や量を相談するか、それが難しければ、家庭の方針として「宿題を無理にやらなくていい」と子どもに伝える。

家庭での対応は、これで十分だと思います。親子関係を険悪なものにしてまで、宿題をやる必要はありません。子どもに宿題をやらせることよりも、親と先生で協力して、宿題の難易度や量を調整することを優先しましょう。

先生ができること　宿題の未提出が2回続いたら対応する

学校側も、家庭と同じように考えましょう。子どもが宿題をやりきれなくて困っているときには、「宿題の設定に問題がある」と判断するべきです。

小学1年生くらいで、まだ「宿題」という仕組みがよくわかっていない場合には、やり方を教えることも必要です。しかし本人が宿題のやり方はわかっていて、それでもやりきれないということであれば、それは課題の設定に問題があります。

私は学校の先生に「**子どもが宿題を2回続けてできなかったら、課題の出し方を変えてほしい**」と伝えています。たった2回で変更するのは早すぎると感じるかもしれませんが、子どもが挫折する前に予防的に対応していくということです。

低学年の場合

小学1～2年生のうちは、先生の側で難易度や量をアレンジしたほうがよいでしょう。

宿題ができていない子には、少し簡単な課題を出す。問題をすべて解くのが難しい子には「ここまででもOK」というラインを設定する。また、できる子は先に進んでもよいという仕組みにすると、苦手な子も得意な子も取り組める課題になります。そのような調整をすると、みんなが宿題に取り組みやすくなります。全員に個別に対応しなくても大丈夫です。

高学年の場合

学年が上がってきたら、本人の話を聞いて調整するのもよいでしょう。「どのくらいの量だったらできそう?」と質問して、一緒に考えるのもよいと思います。子どもにとっても、自分のできそうな課題を考えたり、希望を言ったりする練習になります。

ただし、「自分で決めたからには絶対にやる」という仕組みにしないことが大切です。子どもはまだ見積もりが甘いので、自分で選んだ課題をやりきれないこともあります。**決めたことができなかったら、次はさらに調整する。**そうやって、見積もりを立てることも練習していけたら、自分の力を知ることもできて、よい経験になると思います。

協力してできること　宿題を気にしすぎないようにしたい

家庭と学校で協力して、宿題を調整できればよいのですが、もう少し突っ込んだ話をすると、私は宿題のためにそこまでしなくてもよいとも思っています。子どもたちは、学校でしっかり授業を受けていれば、十分に学習をしているはずです。

私は多くの子どもたちをみてきましたが、**宿題があってもなくても、勉強をやりたい子はやります。やりたくない子はやりません。**勉強というのはそういうものです。また、宿題をやりたくない子も、興味を持てる内容のときには自発的にやることもあります。一方で、勉強が好きな子でも、簡単すぎる宿題ではやる気になれなかったりします。

子どもが自分からやりたがるような宿題を設定するのは、簡単なことではありません。家庭と学校で協力しても調整するのが難しければ、無理に宿題を出そうとしないで、一度やめてみるというのも一つの方法だと思います。

全員一律の宿題は、一部の子どもにとっては学習につながらないうえに、ひどく負担の大きなものになります。そのような宿題は**「百害あって一利なし」**です。授業で学習できていれば十分だと考え、宿題を出さないというのも一つの考え方ではないでしょうか。

私は基本的に、**宿題は本人が「ぜひやりたい」と言ってきたときに用意すればよい**ものだと思っています。「そんな子どもはいない」と思うかもしれませんが、実際にいます。

例えば、子どもが「授業でこういうことを習ったから、実物を見てみたい」と言ってくるときがあります。親や先生はそういうときに協力して課題を設定すれば、子どもには本当の意味でよい学習になると思います。また、算数の難問を解くのが好きで、授業だけでは物足りなくて、大人向けの本を読みたがるような子もいます。そういう子には、放課後も取り組めるような課題が必要かもしれません。

家庭でも学校でも、宿題を出すことにこだわらず、「子ども本人が宿題を必要としているかどうか」を考えてほしいと思います。

1　そもそも「学力」とは何か

学力を伸ばすべきか、無理をさせないほうがいいか

私は、親御さんや学校の先生から宿題に関する悩みを相談されると、多くの場合、先ほどのような話をして、**「親子関係を悪くしてまで、宿題をやる必要はない」**と伝えます。また**「宿題があってもなくても、勉強をやらない子はやらない」**という話もするのですが、そうすると「勉強をやらない子は宿題がなかったら、ますます学習をしなくなる」「学力が伸びなくなって、本人が将来困る」と言われることがあります。

確かに宿題をやめたら、家庭学習の習慣はつきにくくなるかもしれません。それによって学校の成績が上がらなくなることもありそうです。しかし、だからと言って、学力を伸ばすために子どもに無理をさせてよいのでしょうか。学校でよい成績を取るために子どもに負担をかけ、その子がストレスを抱えてプリントを破るようになってもよいのか。私はそうではないと思います。

学力や学校の成績は、人間のさまざまな能力の一部を断片的に切り取ったものにすぎません。第2章でも少しふれましたが、成績のよい人が社会でうまくいくのかというと、必ずしもそうでもないし、学力や成績だけでは、人間の将来は占えないわけです。

勉強をすること自体は悪いことではありませんが、それを難易度の高い宿題という形で、子どもの心身に負担をかけて進めていくのは危険です。私は、子どもが自信やモチベーションを持ちながら、無理なく学んでいくというバランスが重要だと考えています。そのためには宿題をやめたほうがよい場合もあります。

私たちは子どもの学びを、成績や学歴、授業、宿題だけで見ていくのではなく、別の視点でも見ていく必要があるのではないでしょうか。

「別の視点」とはどんなものか。第3章ではそのポイントを解説していきます。

なぜ私たちは成績や学歴にとらわれてしまうのか

みなさんは「苦しければ宿題をやらなくてもいい」と言われると、極端な話だと思うかもしれません。しかし一方で「学力は人間の一面にすぎない」「成績で人生が決まるわけではない」という話には、多くの方がうなずくのではないでしょうか。

私たちはさまざまな経験から、**学校の成績が必ずしも重要ではない**ということを知っています。例えば人づき合いにおいて、相手を学校の成績だけで選ぶことはほとんどないでしょう。学歴も参考になるかもしれませんが、通常はその人の人間的な魅力、その人と自分の相性、親しくしたいかどうかなどを考えながら、つき合い方を決めていきます。

仕事の場面でも、学歴だけで相手を判断することはほとんどないはずです。学歴は高いけど仕事ができない人と、学歴は低いけど仕事ができる人がいたら、どちらと一緒に仕事をしたいか。答えは明白です。

私たちは社会でそのようなことをたくさん経験していますが、それでもなぜか子どもを育てるときには、ある程度の学歴を残せるようにしたいと思ってしまいがちです。そこに呪縛のようなものがあるのです。それがなんなのかを考えていく必要があります。

学校では「成績」という一点で評価されやすい

私たちはなぜ成績を重視するのか。私はその要因の一つに、学校では子どもが「成績」

という一点で評価されやすい、ということがあると考えています。いまの日本には義務教育の仕組みがあるので、原則としてすべての子どもが小学校・中学校に行きます。そこでは子どもたちの能力は、基本的に「成績」という切り口で評価されます。子どもの能力を「成績」という一次元で評価することが当たり前になっているのです。

そのような背景があるため、私たちは成績という軸で人の優劣を測れるような錯覚をしてしまうのではないでしょうか。そしてまた、そのような錯覚に慣れることで、成績の優劣が将来にも影響するような感覚になっていくのではないかと思います。

一方で、成績が悪いことは問題になりにくい

学校では成績で評価されるから、成績を気にしてしまう。そういう側面がある一方で、**学校の成績には「成績が悪くても大きな問題にならない」という側面**もあります。

例えば、クラスの中に授業についていけない子がいた場合に、先生はその子にもわかるように指導を工夫するわけですが、それでもなかなか授業の内容を理解しきれない子もいます。しかし、一人の指導にかけられる時間には限度があります。クラス全体としては十

分に学習できていない子がいても、やむを得ないという側面もあるわけです。

なぜそのようなことが起こってしまうのでしょうか。私はこの問題をよく考えていて、いくつかの要因があると感じています。

■学校の成績はばらけるようにできている

1つ目の要因は「学校の成績はばらけるようにできている」ということです。

かつて学校では、子どもの成績をクラス全体の中で相対的に評価する「相対評価」の形式がとられていました。現在は形式が変わって、子どもの成績をその子個人の達成度で評価する「絶対評価」になり、学校の成績が一定の割合でばらけるということはなくなりましたが、それはあくまでも学校内の成績の話です。

子どもが高校や大学などに進学する際には、偏差値が参考にされます。偏差値は、その子の学力や成績が、子ども全体の中でどの程度の位置にあるのかを示すものです。進路を検討するときには、結局、相対的な評価も見なければならないわけです。

高校や大学などに進学する際には、成績が「よい」「悪い」に分かれるようになっています。そのような価値基準があるため、小・中学校の段階で成績の悪い子がいても、やむを得ないと受け止められることが多いのではないでしょうか。

■学校の成績が悪くても基本的に卒業できる

2つ目の要因は「成績が悪くても、小・中学校は基本的に卒業できる」ということです。これも難しい問題なのですが、現在の教育制度では、子どもは授業の内容を理解できていなくても、小・中学校を卒業することができます。卒業までに、絶対に各教科を一定程度まで学習しなければいけないというわけではありません。そのことも「成績が悪くても、やむを得ない」と判断することにつながっているように思います。

学習とは本来、自分の発意で行うこと

大人は子どもの成績や学歴を意識しがちです。子どもが学力を伸ばして、よい人生を歩んでいけるようにと願って、将来役に立ちそうなことを教えたがります。

しかし、学習というものは本来、自分の発意によって行うことです。みなさんも実感として理解していると思いますが、人間は人から教えられたことよりも、自分で学びたくて

自分の好きなことを自発的に学ぶ

学んだことのほうをよく習得します。学びは自発的な行為なのです。

子どもが本当によく学ぶときというのは、「ここまでできたら、次ももう少しやってみよう」という意欲を持って取り組んでいるときです。子どもに何かを教えるときには、そういう意欲をうまく引き出すことが大切です。そうでなければ子どもは「やらされている」という感覚を持ちます。そして「やらされていること」はいずれやらなくなります。

何かをやらせようとするよりも、子どもが自分の好きなことを自発的に学んで、「こんなことがあるんだよ」と話しかけてきたときに、その話を少し聞く。そのように対応したほうが、子どもの学力は伸びていくものです。学ぶ楽しさを感じている子は、その後、意欲をさらに広げて、別の分野に興味を持つこともあります。

反対に、大人が成績や学歴を意識しすぎて「ためになること」を押しつけたり、与えすぎたりすると、子どもの成長をかえって邪魔してしまうことがあります。学習は自発的な行為であり、それによって身につくのが、本当の学力なのです。

「はじめに」で出題した5問に学力を問う問題がありましたが、その答えは次のようになります。私は学力をこのように考えています。

A2　学力とは「**自発的に学ぶ力**」である

自発的に学ぶ力は、伸びていきやすいものです。みなさんには、子どもの本当の学力を伸ばすことを考えていただきたいと思います。

まとめ

学力イコール成績・学歴と考えるというより、子どもが「自発的に学習する力」を大事にしよう。

2 そもそも「教育」とは何か？

成績を上げるのが教育なのだろうか

教育基本法には、教育は「人格の完成を目指し、平和で民主的な国家及び社会の形成者として必要な資質を備えた心身ともに健康な国民の育成を期して行われなければならない」と書かれています。これが「教育の目的」とされています。

この文言を読むと、教育というのは人間を総合的な意味で育てていくことなのだと理解できます。しかし繰り返し解説してきたように、大人たちは教育を幅広くとらえるよりは、成績や学歴を重視してしまいがちです。それが子どもの将来につながると信じ、それこそが正しい教育だと考えている面があるわけですが、それは本当に正しい教育なのでしょうか。

「学力とは」に続いて、「教育とは」を考えていきたいと思います。

成績と引き換えに、自信を失う子が多い

第2章で、**小・中学校段階では目標は「やや低め」がおすすめ**だという話をしましたが、成績向上を意識すると、目標はどちらかといえば「やや高め」になることが多いです。

結果として、いまの学校には、授業についていけなくて自己肯定感を失ってしまう子が一定数います。大人から成績向上を期待され、うまく応えることができなくて、自信をなくしてしまう子がいるのです。また、成績を上げようとして無理をする子もいます。その場合も子どもは難しいことにチャレンジし、何度も失敗しながら進んでいくため、やはり自己肯定感を損なってしまうことが多いです。

成績向上を目指して「やや高め」の目標を設定するやり方では、脱落者をどんどん出すことになりがちです。よほど勉強が得意な子どもであれば、高い目標でもクリアしていくかもしれませんが、それ以外のほとんどの子は自信を失っていくでしょう。成績や学歴を重視する教育は、どうしてもそういう構造になっていくものです。

大人に高い目標を設定されたとき、子どもはほとんどの場合、そこまで高いモチベーションを持って勉強をするわけではありません。多くの子は「やらされている感」を持って

取り組みます。その中で、高い目標をクリアできなければダメ出しをされるわけです。そのような学び方をした子どもは、どうなっていくでしょう。おそらく、「ある程度高い成績」と「ある程度高い自己否定感」を獲得して、育っていくのではないでしょうか。

「できる」より「できない」に注目してしまいがち

アメリカなど海外の国に行くと、いろいろな人が「どうだ、すごいだろう」とお互いに自慢していることがあります。一方、日本では、面と向かって「自分のほうがすごい」とは言わないで、お互いに「そちらこそ素晴らしい」などとほめたりする場面を見ることが多いです。謙虚な人が多いのかもしれませんが、その人たちが別の場面では、相手の粗探しをしていることもあります。相手のいないところで「あいつは、勉強はできるけど、スポーツはダメだ」などと言っていたりするのです。

私は、**日本には「できる」より「できない」に注目する文化**があると思います。

そこにも成績重視の教育が影響しているように感じます。成績を重視していると、目標を低めにして「ここができている」とほめるよりも、目標を高く置いて「ここができてい

小・中学校段階では目標は「やや低め」で

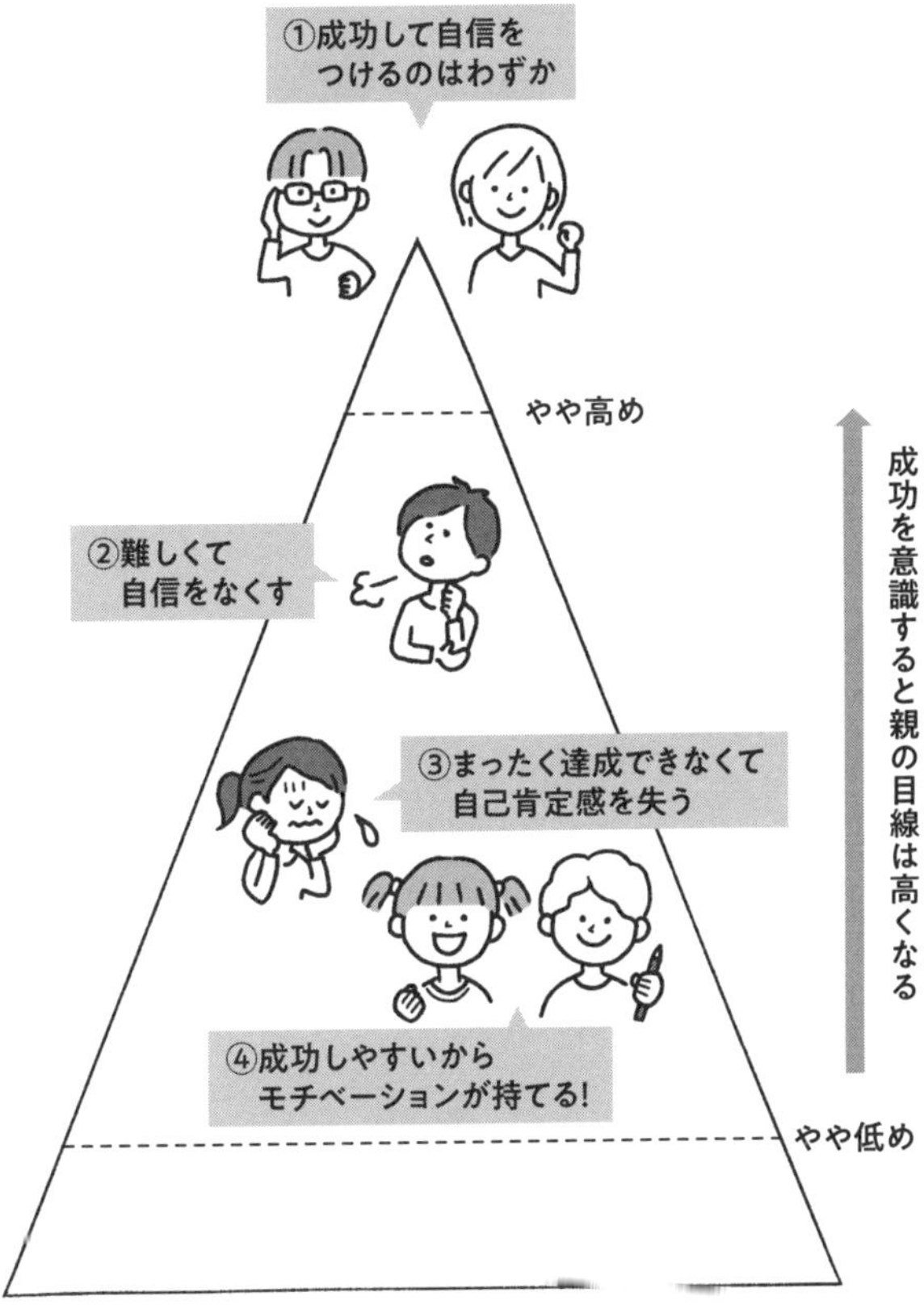
①成功して自信をつけるのはわずか
やや高め
②難しくて自信をなくす
③まったく達成できなくて自己肯定感を失う
④成功しやすいからモチベーションが持てる!
やや低め
成功を意識すると親の目線は高くなる

ない」と改善点を示すことのほうが多くなりがちです。そういう教育方針が、できないことに注目する「マイナス思考」を生んでいるのではないかと思うのです。

みなさんには**目標をやや低めに設定し、子どもの「できない」よりも「できる」に注目する教育**をしていただきたいと思います。

成績にこだわらず、総合的な教育をしていきたい

「できる」に注目する教育とは、どんなものか。これまでの解説の繰り返しになってしまいますが、やはり成績や学歴にこだわらない教育ということになるでしょう。教育基本法に書かれているように、子どもが心身ともに健康に、社会の一員として成長していけるように、総合的に教育をしていくのがよいと思います。**小・中学生にとってもっとも大事なのは「社会で生きていく力」を身につけること**です。教科学習で学べることは、その中の一部にすぎません。成績や学歴以外の部分も大事にしましょう。

具体的には、例えば学校では班行動や係活動などで、自分の役割を果たせるようになることが重要です。家庭では、身のまわりのことを自分ですること、家族のために家事の一

部を担当することなどを、大事にしたいところです。学校でも家庭でも、本人がモチベーションを持って活動できることを探しましょう。

子どもが得意なことや好きなことを通じて、集団の中でなんらかの役割を果たす。大人がそのような活動をサポートする。そうすると、そのやり方がその子の社会参加のスタイルとして定着していきます。子どもが自信とモチベーションを持ちながら、集団活動を経験していけるのです。

そのような経験が、子どもの総合的な成長につながっていきます。成績がよい子にも、成績がなかなか上がらない子にも、そういった経験が必要です。

得意なことで、総合的な力を身につけられるように

先ほど私は「本人がモチベーションを持って活動できること」が「その子の社会参加のスタイル」になると解説しました。「社会で生きていく力」というのは、全員一様のものではなく、子どもによって違いがあるものです。子どもの得意不得意のパターンによって、何を活かしていくのかが違ってきます。その違いを意識することも大切です。

例えば発達障害の子の場合、発達のスタイルが個性的なので、社会参加のスタイルもほかの多くの子どもとは違ったものになることが多いです。「みんなが班行動を通じて時間を守ることを習得しているから、あなたもこのやり方を覚えなさい」という教え方では、うまくいかないことがあります。そうではなく「班行動では時間を守ることが重要だから、あなたも得意なやり方で身につけていこう」と教えていくほうがよいのです。また、特定の活動が苦手な場合には、ほかの子と協力する方法を身につけることも大事になります。

小・中学生の時期には、社会で生きていく力を総合的に、その子の得意なやり方で、少しずつ身につけていくことが重要です。

勉強が得意な子も、それだけにならないように

子どもの中には「勉強が得意」な子もいます。勉強が好きで、勉強なら自信やモチベーションを持って取り組めるという子もいるのです。そういう子は、どんどん勉強をしてもよいと思います。発達障害の子にも、そういう子がときどきいます。

ただし、そういう子も成績や学歴以外のことも大事にして、自分なりの社会参加のスタ

イルを身につける努力を、ある程度はしたほうがよいと思います。勉強というのは、高校や大学などの段階になり、内容が高度になっていくと、実生活とかけ離れたバーチャルなものになることがあります。それだけを追い求めていくのは、やはり少し危険です。

高度な知識やスキルを身につけて、それを起点として社会参加するスタイルを築いていく人もいますが、中には「勉強はできるけれど、社会参加することは難しい」というスタイルになっていく人もいます。子どもが「勉強だけ」という意識にならないように、親や先生が「総合的な教育」を心がけていきましょう。

ただし、勉強が得意なのが悪いというわけではない

勉強が得意ということについて、少し補足をします。125ページで「成績は必ずしも重要ではない」という解説をしました。その解説の中で、世の中には「学歴は高いけど仕事ができない人」もいて、一般論としてそういう人とは仕事をしたくないものだという話をしましたが、それはあくまでも「一緒に仕事をしたいかどうか」という話です。「学歴が高くて仕事ができないのは悪いことだ」と言いたいわけではありません。どちらかがよく

て、どちらかは悪いという話ではなく、「学歴ですべてが決まるわけではない」という話です。

さらに言うと、私は「超高学歴で知識は豊富だけど、集団活動は苦手」というスタイルの人がいてても、別にかまわないと思っています。そもそも私にも、当てはまる部分があります。

世の中には、勉強が得意で大学院を出たけれど、対人関係が苦手で就職することが難しくて、困っているという人もいます。そういう人の中には発達障害の診断を受け、障害者手帳を取得して「障害者雇用」の形で仕事をしたり、障害年金を受給したりする人もいます。それも一つの選択であり、まったく悪いことではありません。いろいろと努力をしても一般的な働き方をすることが難しくて、そのような選択をする人もいるわけです。

私も集団活動が得意なほうではありませんが、それでも自分なりの社会参加のスタイルを身につけてきたことで、知識やスキルを活かして自分らしく働けるようになりました。みなさんにも、さまざまなやり方があることをお伝えしたいと思っています。

教育で大事なのは子どものモチベーション

子どもがその子なりの社会参加のスタイルを身につけていくためのポイントは、すでに何度か挙げていますが、「モチベーションを持てる活動を活かす」ということに尽きます。

誰にでも、人に何も言われなくても熱中できることがあります。それが勉強だという子は勉強をがんばることができて、学校生活がそれなりにうまくいくこともありますが、勉強や運動などの活動にモチベーションを持てない子もいます。そういう子は、学校生活で悩むことも多くなるかもしれません。

ただ、**何にモチベーションを持つかというのは、運で決まるようなもの**です。本人にも、親や先生にも、どうにもできません。もちろん、スポーツの体験教室に連れていったことがきっかけとなって、子どものモチベーションに火がつくようなこともありますが、それも親や先生にできるのはきっかけづくりだけで、そこから先は本人次第です。

何に対してやる気になるのかは運次第ですが、モチベーションを持てることなら、子どもは大人からあれこれ言われなくても、自分から進んで取り組みます。そういうことを通じて社会参加の経験を積み重ねていけたら理想的です。

これは社会参加にかぎらず、学習全般に言えます。**子どもはモチベーションを持てることなら、どんどん学習していくもの**です。そういう意味で、大人がやるべき教育とは「子どもの意欲を引き出すこと」なのではないでしょうか。

この本の最初に5つの問題を出しましたが、Q3の答えは次の通りです。これはあくまでも私の考えですが、共感していただける方も多いと思います。

A3　教育で大事なのは、子どもの「**モチベーション**」を伸ばすこと

苦手なことには、なかなか意欲は出ない

大人は、勉強の苦手な子にも「勉強をがんばってほしい」と考えて、どんどん課題を出してしまうことがあります。また、運動が苦手な子に「スポーツを好きになってほしいから」と言って、習い事をさせるようなこともあります。そういうやり方は、なかなかうまくいかないことが多いです。

なぜかというと、それは「好きでもないことを好きにさせようとしているから」だと思

います。先ほども書きましたが、人が何かを好きになるのは、運のようなものです。他人がその気持ちをコントロールすることは難しいわけです。

ひょっとすると、習い事をさせたがる人というのは、努力や工夫によって、いろいろなものを勝ち得てきた人なのかもしれません。例えば好きな人ができたら、その人にも自分のことを好きになってもらえるように努力して、いつも成功してきたという人もいるでしょう。そういう人は、子育ても同じように考えるのかもしれません。

しかし、そのやり方が子どもにも通じるのかというと、私は、うまくいくことは少ないと思います。苦手なこと、難しいことにしぶしぶ取り組んで、つぶれてしまった子を大勢みてきたので、そのようなやり方はおすすめしません。

意欲の持ち方を、専門家に聞いてみたことがある

意欲を無理やり引き出すのは、難しいものです。私は意欲の持ち方について、発達障害の支援プログラムの専門家に質問をしてみたことがあります。そのときに学んだことがみなさんにも参考になると思いますので、ここで紹介させてください。

「TEACCH（ティーチ）」という発達障害の支援プログラムがあります。発達障害、特に自閉スペクトラム症の子どもや大人の生活を、包括的に支援するためのプログラムです。そのプログラムはアメリカのノースカロライナ大学の心理学者エリック・ショプラーによって開発されました。私が以前、そのショプラー先生にお会いしたときにある質問をして答えていただいたことを紹介します。

TEACCHプログラムはさまざまな考え方や手法を含むものですが、その中の一つに80ページで紹介した「視覚的構造化」があります。TEACCHプログラムでは発達障害の人を支援するために、視覚情報をよく活用するのです。例えば、イラストや文字が書かれたカードを使って、発達障害の人に情報をわかりやすく示すことがあります。

そのようなカードを「絵カード」と呼ぶのですが、以前は絵カードの活用を問題視する人がいました。絵を使って子どもとコミュニケーションをとることについて、「まるで動物の調教をしているようだ」と批判されることがあったのです。

「コンピテンス・モチベーション」という考え方

１９９０年代前半だったと思いますが、私は視覚的構造化について、ショプラー先生と話をしたことがあります。私は「視覚情報を活用するのは、わかりやすく示して本人の意欲を形成するためだ」と考えていたので、その考えを先生に伝えました。さらに、次のような質問をしました。

「視覚的構造化というのは、聴覚情報だけではわかりにくい人にも情報を伝えるために、わかりやすい提示をすることだと思います。それを見て情報を理解し、何をするかを自分で判断することが大事だと思っています。つまり、視覚的構造化は動物の調教のようなものではなく、意欲を引き出すための方法ではないかと思うのですが、いかがでしょうか？」

それに対して、ショプラー先生は同意を示したうえで、視覚的構造化を「コンピテンス・モチベーションを持たせるためにやっているんだ」とおっしゃったのです。「コンピテンス」というのは、英語で「能力、適性」などを意味します。簡単に言えば、その人のできることや得意なことです。

ショプラー先生は、発達障害の人たちの「自分はこれができるんだ！」という気持ちと、その気持ちから生まれるモチベーションを大事にされていました。**「できる」という気持ちに基づくモチベーションを持たせるために、視覚的構造化を活用**しているとおっしゃっていました。視覚的構造化された環境で成功体験を積み重ねることが、発達障害の人のモチベーションを高め、学習を促進し、その人の生活の質を向上させると考えていたわけです。私はこの話を、発達障害の支援だけでなく、人間の学習全般に当てはまることだと思っています。**人間がその人らしく活動し、いろいろなことを学んでいくためには、「できる」に基づくモチベーションを持つことが極めて重要**です。そのために、誰もが「できる」を感じられるような環境を整える必要があるのです。学校教育にも、ぜひそのような考え方をとり入れてほしいと思います。

まとめ

教育で重要なのはモチベーション。
「できる」に基づくモチベーションを持たせること!

3 あらためて、学校教育を考える

子どもは学校の何を楽しいと感じるか

子どもは学校生活の中で、教科学習以外にもさまざまなことを学んでいきます。その中で、みなさんには子どものモチベーションを大事にしてほしいわけですが、では、大人は何を見て、子どものモチベーションを理解すればよいのでしょうか。

授業の理解度は、テストの点数を見ればある程度わかります。しかし点数や成績では、子どものモチベーションをよく知ることはできません。しぶしぶ勉強して、高い点数を取る子もいます。私たちは子どもたちの何を見ればよいのか。学校教育で、子どものモチベーションを理解し、うまく引き出すためには何が必要か。それを考えていきましょう。

子どもの中には、**勉強が得意**で、それほど苦労せずに高得点を取る子もいます。そういう子は、成績はよくても、学校の授業やテストに高いモチベーションを持っていなかったりします。学校の勉強は物足りなくて、塾の課題のほうが楽しいと思っていたりするのです。勉強が得意な子の話を聞いていると、「学校よりも塾のほうが好き」とはっきり言われることも多いです。学校で学ぶ以上に、塾でよく学んでいる子もいるわけです。

遊ぶのが好きな子は、学校の休み時間に遊ぶことも好きですが、それ以上に放課後の遊びを楽しみにしていたりします。放課後に友達と「こんな遊びをしよう」「ルールはこうしよう」などと話し合い、さまざまな活動をすることを楽しんでいます。そのような遊びを通じて、多くのことを学んでいく子もいます。

それから、**地域でいろいろと活動をしている子**もいます。学校でも勉強やクラブ活動などをするけれど、放課後や休日には地域でも活動をしている。例えば習い事をして、そこで特定のスキルやコミュニケーションなどを学んでいる。地域活動を通じて同年代の仲間や、年齢の違う人たちとも交流し、そこで社会のルールを身につけていく子もいるわけです。

いま挙げた3つの例に共通しているのは、子どもが自分に合っていること、自分のやりたいことを通じて、楽しみながら何かを学んでいるということです。学校教育について考えるときにも、同じ視点が大事になると思います。

子どもたちは学校のどんなことを楽しいと思っているのか。学校の何が自分に合っていると感じ、何をやりたいと考えているか。それを通じてどんなことを学んでいるか。そのような視点で「学校の魅力」を言葉にしていくことが、大切なのではないでしょうか。

著者は担任から仕事観や倫理観を学んだ

例えば私の場合、第2章でお伝えしたように、ある担任の先生が初日から自分たちの顔と名前を覚えてくれたことを通じて「プロの仕事」について学びました。小学生だった当時にそこまで明確に言語化できたわけではありませんが、当時から「何かが学べた」という感覚はありました。私は、**「何かが学べた」という感覚が、学校生活の中に必要なものだ**と考えています。

私は小学生時代、勉強ができるほうだったので、その「プロ」の先生から国語や算数などの教科の勉強を教わったという印象はありません。しかし学校生活全体としては、その先生から大切なことをいろいろと学びました。プロの仕事観のようなものも学びましたし、その先生は倫理的なこともしっかり教えてくださったので、そういった価値観が、自分が生きていくうえでの大事な考え方の一つになりました。

そのように、学校生活全体を通して、その後の人生で必要になる考え方や指針のようなものを得ることが、とても大事だと思います。そういう学びが、自分らしいスタイルを身につけることに役立ったり、自信やモチベーションにつながったりすることがあります。

学校で「何かが学べた」と思えるかどうか

私は「担任の先生から仕事観や倫理観を学ぼう」と思って学校に行っていたわけではありません。特に目標を持っていたわけではなく、先生とのやりとりを通じて「何かが学べた」という感覚を持ちました。そういう日々をなんとなく「楽しい」と感じていました。小・中学校の学習には、何かを学べて楽しいという面があると思います。

小・中学生には「自分はこれを学びたい」という意識がまだそれほど強くないことが多いです。多くの場合、そのような意識を持つのは高校以降でしょう。**高校生や大学生にな**

れば、本人が自分で学びたい分野を選び、ある程度の目標を持って学校に通うようにもなります。ですが、小・中学校のうちは、子どもは明確な目標がなくても学校に通います。

その時期に重要なのは、成績などの個別の目標にこだわることよりも、学校生活の全体を見ることではないでしょうか。**子どもが学校生活の中で「何かが学べた」と思えているかどうか。そして「何かが楽しい」と感じているかどうか。**親御さんや学校の先生には、その2つのポイントを見てほしいと思っています。

「何かが学べた」というときの学びは、必ずしも知識の習得とはかぎりません。もちろん知識の場合もありますが、私のようになんらかの価値観を学ぶこともあります。大事なのは、学校が子どもにとって主体的に学べる場になっているかどうかです。授業で話した内容を覚えたかどうかを見るのは、大人主体の視点です。そうではなく、**授業も含めたさまざまな体験から、子どもが主体的に何かを学びとっているかどうかを見ることが大事**です。

子どもの意欲を読み取る方法とは？

学校生活で「何かが学べた」「何かが楽しい」という体験をしている子は、モチベーションを持って日々を過ごしていける場合が多いです。そして、学校生活に意欲を持っている子は、卒業したあとも意欲を持ったまま社会に出ていきます。そういう子はいつか自分で目標を見つけて、「自分はこれを学びたい」と考えるようになっていくものです。

子どもがモチベーションを維持して学校生活を送っていくためには、親や先生がその子の「学べた」「楽しい」を見ることが重要になるわけですが、では、大人は子どものどのような行動から「学べた」「楽しい」を読み取ればよいのでしょうか。

みなさんは、次の3つの中のどれだと思いますか?

①子どもに「今日、学校で何をやった?」「楽しいことはあった?」と聞いてみる
②子どもが自分から「今日、こんなことがあった」と言ってきたら話を聞く
③特に話はしないで、子どもが楽しそうに通っているかを静かに観察する

どの対応も、家庭でも学校でもできることです。学校の先生が質問する場合は「学校で何をやった?」ではなく「今日、やってよかったことはあった?」「気になることはあった?」などと聞いてみるとよいでしょう。

子どもの意欲を読み取る方法

①子どもに
「今日、学校で何をやった?」
「楽しいことはあった?」と
聞いてみる

②子どもが自分から
「今日、こんなことがあった」
と言ってきたら話を聞く

③特に話はしないで、
子どもが楽しそうに
通っているかを
静かに観察する

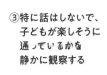

こちらから質問するか、子どもが話してくるのを待つか、静かに見守るか。「学べた」「楽しい」を知るための方法はどれでしょう。考えてみてください。

子どもの意欲は「準備」に現れる

私の一番のおすすめは「3」です。小・中学生の「学べた」「楽しい」は、その子の日々の様子に表れます。それをさりげなく観察することをおすすめします。なぜ「3」がおすすめなのか、順を追って説明していきましょう。

■①子どもに「今日、学校で何をやった？」「楽しいことはあった？」と聞いてみる

このやり方も悪くはないのですが、子どもに学校での出来事を聞いても「ふつう」「特にない」といった答えが返ってくることもあります。子どもは自分の考えや気持ちをすぐに言葉にできないこともありますし、恥ずかしがって言わないこともあります。質問をしても、実際のところはわからないことが多いので、あまりおすすめしません。

また、家庭でも学校でも「いい子」でいようとしている子は、大人から学校での出来事

を聞かれると、優等生的な答えを返してしまうことがあります。その場合、表面的には楽しそうに見えても、じつは本人はいろいろ悩んでいるということもあり得ます。質問だけでは、子どもの様子は見えてこないと考えておいたほうが無難でしょう。

■②子どもが自分から「今日、こんなことがあった」と言ってきたら話を聞く

本人が自分から学校での出来事を話してくるということは、何かしらの学びや楽しさを感じているのかもしれません。子どもが何かを話したがっているときには、時間をつくって話をゆっくり聞くのがよいと思います。この方法もけっして悪くはありません。

ただ、このやり方では本人が自分からは何も話してこない場合、学校生活をどう感じているのかが、なかなかわかりません。

■③特に話はしないで、子どもが楽しそうに通っているかを静かに観察する

ということで、**私のおすすめは③**です。

観察のポイントは、子どもが「学校に行こう」というモチベーションを持っているかどうかを見ること。例えば朝、学校に行く前に、自分で準備をしようとするかどうか。自分

で準備するのが難しいことがあったとき、親に「手伝ってほしい」と言ってくるかどうか。前日の準備のときも同じです。自分で翌日の学校のために準備をするかどうか。そういうところを観察してください。

学校で「何かが学べた」「何かが楽しい」と感じている子は準備をする場面で自分から行動して、それなりの意欲を見せます。例えば、「明日は図工の授業があるから道具を持っていく」と言って、次の活動に向けて自分で何かをしようとします。

発達障害の子には時間割を覚えるのが苦手な子もいますが、その場合でも例えば時間割をもう一度、自分で見ようとすることがあります。または、親に「時間割を教えてほしい」と言ってくるかもしれません。

準備が苦手な子も、その子なりに何かをしようとします。「次はこういう活動をする」と思って、それなりに意欲を持っている子は、自分から何かしらの行動をするわけです。それを見ることが、観察のポイントになります。

学校で先生が観察する場合も、基本的には同じです。次の授業や活動に向けて、子どもが自分で準備をしようとするかどうか。例えば教科書やノートを準備したり、先生に次の活動で使う道具を聞いてきたり。そういう行動に、子どもの意欲が表れます。

意欲を失いつつある子は、どんな行動をするか

「子どもが自分で準備をすること」というポイントを聞いて「そんなのは当たり前では」と思う人もいるかもしれません。その気持ちもわかりますが、本当にそれがポイントです。**学校で「何かが学べた」「何かが楽しい」と思えていない子は、学校に行くための準備を億劫に感じることが**あります。「明日はこれが楽しみだ！」ということがないと、何を準備するにもなかなか意欲が出てこないのです。そういう状態になると、登校をしぶるようになることもあります。登校をしぶるということは、学校に魅力を感じていないということです。

学校で主体的に学べている子は「次の授業」や「明日の学校」に対して、それなりに意欲を持つものです。学校生活の中に「また何かが学べるかもしれない」「また何か楽しい体験ができるかもしれない」と感じる部分があるからです。そのような意欲を感じる瞬間が、子どもの「準備」にあるということです。

ここまでの解説で「成績よりも意欲が重要」という話を繰り返していますが、私は学校

の勉強に意味がないとは思っていません。勉強を通じて学べることも、もちろんあります。私が伝えたいのは**「成績や学歴だけを重視するのではなく、子どもの意欲もしっかり見よう」**という話です。誤解のないように、「勉強を通じて学べること」についても少し解説しておきましょう。

自分にできること・できないことを知っておきたい

みなさんは「統計学」をご存じでしょうか。私は精神科医ですが、仕事で統計学を使っています。ある治療法と別の治療法を比較するときなどに、統計学の知識がある程度、必要になります。例えば、「ある病気に対してAという薬を使うと何パーセントの治療効果がある」といった検討をするのです。

ただし、私たちが自分で統計学的な数式を使うことはほとんどありません。なぜかというと、データをコンピュータに入れれば、コンピュータが計算してくれるからです。「こういうときにはこういう検定法を使う」くらいのおおまかな知識があれば、研究を進めることはできるわけです。もしくは、判断が難しいときには統計学の専門家に相談します。「研究でこういうことを調べたいんだけど、どんな検定法を使えばいいですか」と聞けば、専門家が教えてくれます。

つまり、何かをするときに、必要な作業の全部を自分でできなくても、作業を進めることはできるということです。専門外のことに関しては、大雑把に「こういうことだな」ということがわかっていれば、それで十分な場合もあります。研究のアイデアを持つことと、そのアイデアを実現するための詳細な知識を持つことは、別なのです。

自分にできること・できないことを理解して仕事をするように、**「自分の専門と専門外を知ること」が「勉強を通じて学べること」の一つ**だと思っています。

人間は、大人になればなるほど、すべてのことを自分一人ではできなくなっていきます。やることが多く、複雑になるからです。ビジョンを思い描く力と、そのビジョンを実行するための知識やスキルを分けて考える必要が出てきます。その中で「自分が得意なこと」を考えることが重要になるわけです。

そのとき、学校での勉強が生きてくることがあります。学校で記憶する勉強が得意だった人は、大人になっても知識をうまく活用できる可能性があります。応用問題が得意だった人は、知識を覚えるというよりは、論理的に考えることが上手です。何かをしようと思ったときに、作業の流れなどを自分で論理的に組み立てていくことができます。

学力にも、いろいろな学力があります。**自分にはどんなタイプの学力が身につきやすいのかを知っておくことが重要**です。それがわかっていれば、**自分にできること・できないことが理解できて、できないことでは人を頼れるようになります。**私は学校の勉強を通じて、そういうことを学んでおくのが大事だと思っています。

勉強を通じて得意不得意を知ることができる

子どもたちは学校の勉強を通じて、自分の得意不得意を知ることができます。例えば、ものごとの全体を俯瞰して見るのが好きな子もいれば、細かい部分に注目するのが好きな子もいます。

得意不得意がわかったら、得意な部分はどんどん学び、不得意な分野はそれなりに学ぶというように、学び方を調整することもできます。私が統計学を大雑把に理解して使っているように、教科や分野によっては「知っておく必要はあるけど、くわしくなくてもいい」

と判断するのも一つの方法なわけです。

親御さんや学校の先生には、子どもたちがそれぞれに自分の得意なやり方、その子なりのスタイルで力を伸ばしていけるように、見守ってほしいと思います。そのためには、テストの点数や成績の良し悪しに注目しすぎないことが大切です。

大人が点数や成績を気にしていると、子どもも気にするようになります。例えば親が「今回は80点だったけど、もう少しがんばれば100点も取れそうだね」といったことを日頃から話していると、子どもは「いい点を取れば喜んでもらえるんだ！」と感じます。それが社会的な評価なのだと、心のどこかで思うようになっていくのです。結果として、自分の得意なことよりも点数を意識するようになったり、ストレスを抱えながら、各分野をまんべんなく勉強したりすることがあります。

よい成績を目指すのは別に悪いことではありませんが、何度も繰り返し解説しているように、それだけが「学び」というわけではありません。**子どもが何を得意にしているか、何を楽しいと思っているのかに注目する視点**も持ってほしいと思います。そのような視点を持つことも、子どものモチベーションを理解することにつながります。

まとめ

学校教育では、子どものモチベーションは「何かが学べた」「何かが楽しい」という形で表れる。

困りごと④ 勉強をするのが嫌で、イライラする子への対応

本書ではしつこいくらいに「成績・学歴を重視しない」とお伝えしています。それはなぜかというと、児童精神科医として勉強関連の悩みを聞くことがとても多いからです。児童精神科では子どものメンタルヘルスに関する相談を受けているわけですが、話を聞いていくと、お子さんの勉強に関する悩みが出てくることが非常に多いです。

例えば、幼稚園や小学校低学年の頃から本を読むことや勉強があまり得意ではなかったお子さんが、それでもがんばってやってきたけれど、小学3年生くらいになって、いよいよ勉強がつらくなってしまった、というような話がよくあります。

親御さんも先生も「この子は勉強が苦手だな」ということはある程度、わかっていた。でも本人もがんばっていたので、一生懸命にサポートをしてきた。それが段々とうまくいかなくなって、子どもが授業中にイライラしたり、宿題をひどく嫌がるようになった、という話です。年齢が上がってくると、大人に対して反抗的な態度をとる子もいます。中には親に暴力を振るうようなトラブルもあります。

そういう状態の場合、**親御さんは「子どもの暴力に悩んでいる」**ということで、私たちのところに相談にきます。よく話を聞いていくうちに、背景に勉強がらみの衝突があることがわかってくるのです。

子どもが、勉強が苦手でイライラして、暴力的になってしまっている場合、親と先生には何ができるでしょうか。

この本では成績・学歴にこだわらず、子どものモチベーションを大事にすることをお伝えしてきましたが、暴力が出るような状態になったとき、どうやって子どものモチベーションを引き出せばよいでしょう。

みなさんはどう思いますか？

親ができること 何が子どもを苦しめているのかを考える

勉強関連で悩んでいる親御さんは、子どもに勉強させることを自分の義務のように感じている場合があります。子どもが社会に出るまでに、ある程度の学力をつけさせなければならないと考えていても、うまくいかなくて悩んでいるのです。そのせいで子どもを何度も叱ってしまって、反抗されてトラブルになり、苦しんでいるわけです。

私はそういう親御さんに**「最初から攻撃性を持って生まれてくる人はほとんどいない」**という話をします。子どもは、基本的には「誰かを攻撃したい」と思っているわけではありません。それでも暴力を振るってしまうということは、**誰かから理不尽な仕打ちを受けて、それに反抗して身を守っている**のだと考えられます。私はそのようなことをお伝えして、親御さんに心当たりがあるかどうかを聞きます。

すると、中には「自分が追い込んでいるかもしれない」と言う人もいます。理不尽に勉強を押し付けてしまったかもしれないと感じる人もいるのです。また、学校の勉強や宿題が難しすぎるということに気づく人もいます。

勉強に関連して暴力が起きている場合には、「追い込んでいるのではないか」という視点

困りごと④ 勉強が嫌で、暴力的になっている子

を持つことが重要です。暴力が起きるということは、勉強をめぐる出来事の中に「理不尽な仕打ち」が発生している可能性が高いです。どこが理不尽なのかを考え、子どもをそれ以上追い込まないようにする必要があります。「どうやってモチベーションを引き出すか」の前に、**「どうしてこの子のモチベーションは消えてしまったのか」**を考える必要があるわけです。

親ができること できそうなことを一つ、やってみる

おそらく読者の方の中にも「勉強のことで、子どもに厳しくしすぎたかもしれない」と感じる人がいるかもしれません。そう感じた場合には、子どもの学習環境を見直しましょう。勉強関連で子どもにそれ以上、無理をさせないようにしてください。

「子どものためにやり方を変えよう」と思ったとき、本書がきっと役に立つはずです。

この本では学習環境の見直し方、勉強や成績のとらえ方を繰り返し解説してきました。大事なのは標準を狭くしすぎないで、子どもに合った学び方を柔軟に考えること、そして、子どものモチベーションを大事にすることです。

具体的なポイントをいくつも紹介してきました。できそうなことを一つでもよいので、実践してみてください。**まずは子どもの学校の準備を観察する**だけでもかまいません。よく観察すると、いろいろなことの見え方が変わってくると思います。そういう工夫を積み重ねていけば、状況は少しずつ変わっていくはずです。

先生ができること

先生もできそうなことを一つ、やってみる

学校の先生ができることも、基本的には同じです。先生も、子どもに対して理不尽な課題を出していないかどうかを考えましょう。

宿題が多すぎたり難しすぎたりして、子どもを苦しめてしまっている場合には、量や難易度を調整してください。できないことを何度もやらされた子は「何も学べていない」「何も楽しくない」と感じてしまいます。そのままでは、学校に通うモチベーションを維持できなくなる可能性があります。

授業や宿題について見直せるところがあれば、柔軟に変えていきましょう。少しの調整によって、子どもがまた意欲を持てる場合もあります。ただ、この本の内容を何もかも実

践しようとすると、今度は先生が追いつめられてしまうかもしれません。先生も無理をせずに、できることをどれか一つ実践することから始めましょう。

協力してできること 気づきを伝え合い、授業や宿題を調整する

親と先生がどちらも子どもに無理をさせないようにして、学習環境を見直していけば、状況は改善していくでしょう。何か気づきがあれば、お互いに伝え合うようにするのもよいと思います。例えば学校で先生が「この子はこういうやり方が得意なんだ」と感じたとき、それを親に伝えれば、親も子どもに対する理解が深まります。親と先生で連絡を取り合い、授業や宿題を調整していけたら、子どもの学びやすさは大きく向上するはずです。そのような協力を心がけてもらえればと思います。

親としては、「勉強がうまく進まないくらいで学校に相談するのは、やりすぎかもしれない」と感じるかもしれません。しかし、子どもの学習環境を整えるためには、学校との情報交換が必要な場合もあります。**「宿題に苦労している」といった話しやすい話題から始めて、様子を見ながら学校との相談を検討してみてください。**

学校の先生には、親からの相談をクレームだととらえずに、話を聞くようにしてほしいと思います。家庭との情報交換によって、子どもの得意なやり方やその子をサポートするコツがわかり、授業を組み立てやすくなる場合もあります。

協力してできること
相談・調整しても状況がよくならない場合は

ただ、家庭と学校で相談し、いろいろと調整をしても、状況がなかなかよくならないこともあると思います。例えば子どもに学習障害や知的障害があり、親や先生にはその詳細がわからず、よい対応法がなかなか見出せないという場合もあります。

環境を整えてみても子どもが苦労しているという場合は、私たちのような専門家に相談するのもよいと思います。中にはそのような相談をきっかけにして発達障害に気づき、特別支援教育の利用を検討する人もいます。

4 学力と知的障害・学習障害

知的障害の子・学習障害の子の学習を考える

第3章では子どものモチベーションを守るための考え方や工夫をいろいろと紹介してきました。それらを参考にしていただければ、おそらく、お子さんが「何かが学べた」「何かが楽しい」と感じる場面が増えていくと思います。

ただし、ここまでに紹介してきたのは「ユニバーサルデザイン」の部分です。大人がモチベーションを大事にすることで、多くの子どもがその子らしく学べるようになっていきますが、いろいろと工夫をしても学びづらさがなかなか解消しないこともあります。その場合には、個別の配慮や特別な対応が必要かもしれません。

例えば子どもに知的障害や学習障害があり、一般的な学び方では学習がなかなか進まないという場合には、これまで解説してきたポイントに加えて、さらに個別に工夫することが必要です。ここからは、その工夫を解説していきます。

知的障害とは何か、学習障害とどう違うのか

知的障害とは、子どもの頃から知的能力の発達に遅れがあり、知的能力が同年代の平均水準よりも低く、それによって生活に支障が出ている状態のことです。

この場合の知的能力は、基本的にＩＱ（知能指数）によって示されます。ＩＱは知能検査によって測定される指標で、平均が１００になるようにつくられています。知的障害と診断されるのは一般的に、ＩＱが70以下で生活適応に困難がある場合です。

知的能力に遅れがある状態を「境界知能」と呼ぶこともありますが、これは一般的にＩＱ71以上85未満の状態を指します。「標準の状態」と「知的能力が低い状態」の中間にあるということで、「境界」と考えるわけです。

学習障害には「知的障害ではないのに読み・書き・計算が苦手」という特性があります。学習障害の子の場合、読み書きや計算などの苦手な部分を補うと学びやすくなり、読み・書き・計算以外の学習効果が上がることもあります。適切なサポートを受けることによって本来の能力を発揮できるようになるのです。

知的障害の子には、平均的な教え方をするのではなく、よりわかりやすい指導を心がける必要があります。学習障害の子の場合にも、全体的にわかりやすく指導することは大切ですが、読み書きや計算の特性を理解してサポートすることが、より重要になります。知的障害と学習障害には、そのような違いがあります。

境界知能は、診断名ではないものの、わが国の学校のカリキュラムだと小学校低学年のうちから教科学習を難しいと感じ、学年が上がるにつれて学力の伸び悩みが目立つようになります。知的障害ほど遅れが目立たないとはいえ、学校の勉強が難しい状況が続くことで登校意欲が下がることや自信が低下することが珍しくありません。知的障害に準じたわかりやすい指導が必要です。

知能指数は年齢を重ねても変化しないもの

知能検査は、年齢を重ねても知能指数が変化しないように作られています。ただ、一般の人たちの場合にはそうですが、知的障害や発達障害の人たちでどうなのかは、十分なデータがあるとはいえませんでした。私たちの研究グループ（信州大学と横浜市総合リハビリテーションセンターの共同研究チーム）は近年、そのことを調査によって確認しました。横浜市港北区で１９８８年から１９９６年までの９年間に生まれた子どもは３万人以上いるのですが、そのうちの２７８人が７歳までに横浜市総合リハビリテーションセンターで自閉スペクトラム症の診断を受けました。その子どもたちを追跡調査し、全員が20歳を超えた時期に彼らの生活の実態について、本人や家族へのインタビューを行いました。調査に協力してくださったのは２７８人中の１７０人でした。その調査ではさまざまなことがわかりましたが、そのうちの一つが「ＩＱの変化」です。

調査結果を分析してみると、年齢を重ねることで**IQが上がった人は3%**でした。**変化のなかった人が30%、下がった人が67%**でした。

知的障害は子どもの頃から知的能力が平均よりも低く、その状態が成人期以降も続く状態だと定義されていますが、この調査結果からも、知的障害の子どもの知能が大人になるまでに上昇することは難しいことがわかります。知的障害の子の学習を考えるときには、知能指数や成績を上げようとするのではなく、その子の状態に合った学習内容や学び方を探ることが重要になります。

「勉強が苦手」の背景に知的障害・学習障害があるかも

境界知能に該当する子や、知的障害が軽度の子、学習障害の子は、勉強が苦手で困難を感じていても、その困難の程度や背景がまわりの人にはよくわからず、結果として、障害があることを見過ごされている場合があります。

小学校高学年になり、勉強で苦しむようになって私たちのところにきて、境界知能や知的障害、学習障害の状態だとわかったというお子さんが何人もいます。私たちのような専門家がみれば、知的能力の程度や学習障害の特性に比較的すぐに気づくのですが、一般の方がそのような背景を理解するのは、なかなか難しいのだと思います。

もしもこの本を読んでいろいろと工夫をしてみても勉強関連の問題がなかなか改善しない場合には、境界知能や知的障害、学習障害の可能性を考え、私たちのような専門家に相談することを検討してもよいと思います。

知的障害の子は、どんな学習をするのがよいか

知能指数と学校の成績は、基本的に相関するものです。ＩＱ10くらいの状態から150くらいまでの状態をすべて見ていくと、基本的にはＩＱが高い人のほうが学校の成績がよくなります。細かいところまで見れば、はっきりと相関しない場合も出てきますが、基本的にはＩＱと学校の成績はおおよそ比例するものと考えられます。

そして、先ほど述べたようにＩＱは基本的に大きく上昇はしないものなので、ＩＱが平均よりも低い子が平均以上の成績を目指そうとすると、その子はかなり苦労することになります。知的障害の子どもにとっては、成績や学歴を重視しすぎないことが、ほかの子どもたち以上に重要になるのです。

なぜテストで高得点を目指すことが難しいのか

学校の授業は、おそらくＩＱ１００くらいから１２０くらいまでの領域に照準を当ててつくられています。ＩＱがそれ以下の子どもは、最初はある程度ついていけても、だんだ

んわからなくなってくることが多いです。また、ＩＱが１１０よりも高い子どもにとっては、授業は簡単ということになります。

そして学校のテストは、みんなが簡単に１００点を取れたら達成度を比較できなくなり、全員が好成績を取って有名校に殺到することになってしまうので、点数に差がつくようにできています。テストはＩＱがものすごく高い子が、ようやく１００点を取れるようなものになりやすいのです。特に入学試験のように点差が必要なテストでは、ＩＱ１３０や１４０の子が１００点を取り、それ以下の子どもたちには少しずつ間違いが増えていく、というような設計のテストがしばしば見られます。

そのようなテストで高得点を目指そうとすると、多くの場合、メンタルヘルスを損なうことになります。ＩＱ１３０以上に該当するのは、人口全体のおよそ２％です。難しいテストで高得点を取れるのはごく一部の子どもだけであり、ほかのほとんどの子どもにとっては、そのようなテストで高得点を取るのはかなり難しいことなのです。

予習をすれば、テストで高得点を取れるけれど

もちろん、事前に予習をして、テストに向けてしっかりと準備をすれば、よい点数を取ることもできます。しかし勉強が苦手な子にとっては、そのような課題は「かなり高い目標」となります。また、あくまでもテスト対策としての勉強になるため、多くの子はそのような学習に対して高いモチベーションを持ちません。大人に設定された高い目標に、嫌々ながら向き合っていくという形になりがちです。そのようなやり方では、子どもの自発的な学習にはつながっていかないでしょう。

テストを「努力の成果を測るもの」と見る人もいますが、私はそうではないと考えています。**テストとは自分の現状を把握するためのもの**です。テストによって自分の能力を知り、自分にできること、必要なことを考えていくのが重要だと思います。

乳幼児健診を担当する保健師からこんなことを聞くことがあります。

健診では絵を見せて、子どもに指差して答えさせるようなことを行います。それによって子どもの状態を見ているわけですが、親御さんの中には、前もって子どもに指差しの練習をさせてから健診を受けたと話す人がいます。事前に準備をして、健診で不備が出ないようにしているのです。

子どもの頃からテストで合格点を取る練習をさせられて育ってきたいまどきの親御さん

たちにとって、乳幼児健診も学校のテストのように感じるのかもしれません。その気持ちはわかりますが、お子さんの本来の姿がわからないと、私たち専門家も対応ができなくなってしまいます。一方、お子さんのありのままの現状がわかれば、それに沿って適切な話をすることができます。いまお子さんにとって必要なことを、親御さんに正確に伝えることができるのです。

乳幼児健診というのは、クリアしなければならない課題ではなく、子どもを理解するための取り組みです。子どもの現状を親御さんと専門家で確認し、その子が過ごしやすくなるように、必要な情報を共有することが大切なのです。

学校のテストも、健診と同じように考えてもよいのではないでしょうか。テストを、子どもに必要以上に努力をさせて、なんらかの成果を出させるためのものではなく、その子の現状を知るものとして理解してもよいのではないかと、私は思います。

高得点を取る力よりも、社会生活に即した力が重要

知的障害がある場合、学校のテストで高得点を取ることは、多くのテストの構造上、難

しいものです。そこに目標を置くと子どもを追いつめてしまう場合が多いので、違う目標を意識して学習を進めていきましょう。知的障害の子どもにとっては、ほかの子どもたち以上に総合的な学習が重要になります。

知的障害の子は１３６ページで挙げたようなやり方で、班行動や係活動、家庭での家事の分担などを通じて、社会生活に即した力を身につけていくことが大切です。学校でそのように地に足のついた力をつけておくと、卒業して社会で生活していくときの支えになります。

じつは特別支援教育を利用すると、社会生活に即した力がより身につきやすくなります。特別支援教育には「自立活動」として、子どもたちに生活習慣などのことを教える仕組みがあります。第４章ではそのような仕組みも紹介していきますので、知的障害についてくわしく知りたい人は、そちらもご覧ください。

学習障害の子は、どんな学習をすればよいか

学習障害の場合は84ページで解説したように、読み書きや計算の困難をタブレット機器

などのツールで補えば、学びづらさが解消することがあります。**学習障害の子には一般的な学び方、特に紙と鉛筆を使ったやり方を強要しないことが大切**です。

子どもが一般的なやり方での読み書きや計算を極端に苦手としている場合には、専門家への相談を検討するのもよいでしょう。例えば「会話の受け答えはしっかりしているけれど、教科書を読んで内容を理解することには時間がかかる」といった困りごとがある場合、学習障害の可能性があります。

なお、ツールの利用によって困難を軽減できても、学校の成績が上がるとは限りません。適切な支援を受ければ学びやすくなるのは確かですが、そこで大人が成績を追い求めると、子どもに負担をかけてしまいます。

「タブレット機器を使えるようになったのだから、勉強をがんばってほしい」などと目標を設定するのはやめましょう。それよりも、子どもがモチベーションを持って活動できるかどうかを見守るようにしてください。この章の冒頭に書いた通り、学びやすさを大事にしながら、成績にはこだわらないという姿勢を心がけましょう。

また、学習障害の場合も特別支援教育の利用によって、より学びやすくなることがあります。知的障害の場合と同様に、第4章の内容も参考にしてください。

タブレット機器の使用を「ずるい」と言われたら

学習障害の子が教室でタブレット機器などを使っていると、ほかの子どもから「ずるい」と言われることがあります。そのように言われるとツールの利用を心苦しく感じるかもしれませんが、合理的配慮の提供を受けることにはなんの問題もありません。

合理的配慮に対して「ずるい」と言う子は、その子自身も何か困りごとを抱えている可能性があります。自分でも苦労をしている子は、支援を受ける子をうらやましく思うものです。十分に学べている子は、一部の子が自分と違う学び方をしても「ずるい」とは言いません。その必要がないからです。教室で「ずるい」と言う子が出てきたら、その子にもなんらかの対応を検討したほうがよいと思います。

もう少し言っておくと、一人の子が音声読み上げソフトなどを使ったとき、もしもクラスの大半の子どもが「ずるい」と言い出すようなことがあったら、授業が子どもたちに合っていなくて、ほとんどの子どもが十分に学べていないということが考えられます。その場合は個別に配慮するというよりは、ユニバーサルデザインの段階の見直しが必要です。授業そのものを調整したほうがよいでしょう。

知的障害・学習障害の子の進路を考える

この本では「成績・学歴にこだわらない」「子どもの好きなことを大事に」ということを強調していますが、診察室でそのような話をすると、親御さんから「子どもの好きなことはゲームです」「勉強をさせないで、ゲームだけやらせていればいいのでしょうか？」「それでは将来、困るのでは？」と聞かれることがあります。

これは確かにその通りで、私は「子どもは好きなことだけをやっていればいい」と言いたいわけではなく、**「子どもは好きなことや得意なことを中心に置きながら、いろいろなことを学んでいくのがいい」**ということをお伝えしています。

例えば、ゲームが好きな子は「将来、ゲームをつくる仕事がしたい」「だからプログラミングを勉強したい」と言ったりします。好きなことを自発的に学ぼうとして、モチベーションを高めているわけですから、とてもよいことです。しかし、そうやって学んでいけば願いが必ず叶うのかというと、それはわかりません。

プロになるためには、好きなことの知識やスキルを身につけるだけでは不十分な場合もあります。ゲームをつくるためには、おそらくチームメンバーとの間で連絡調整をすることも必要になるでしょう。トラブルが起きたときの対処能力も必要かもしれません。そのような総合力を問われる可能性があります。

「将来こうなりたいから、これを学びたい」と夢を持つことはよいのですが、その夢が叶うかどうかを現実的に検討することも大切です。

子どもの夢は何かしらの変遷を遂げていく

最初は「ゲームをつくる仕事」を目指していた子が、いろいろなことを学ぶうちに「プログラミングの仕事をしたい」「こういう分野に興味がある」というふうに進路を変えていくことがあります。

子どもの夢は通常、そうやって何かしらの変遷を遂げていくものです。それは知的障害の子や発達障害の子だけではなく、そのほかの子も同じです。小さい頃に思い描いた夢をそのまま実現していく人はごく少数です。多くの人は夢を抱きながら、それだけを追い求めるのではなく、自分にできることを探して進路を定めていきます。そのように地に足をつけて少しずつ進んでいくためには、**好きなことだけをやらせるのではなく、好きなこと**

を活動の中心に置きながらも、実際にいろいろな体験をしてみることが重要です。

私は、**中学生くらいの段階で職業体験をすることをおすすめ**しています。職業体験をすると多様な職種を知ることができます。飲食業の調理体験のようなものもあれば、接客や事務の仕事もあります。そのような体験を通じて「仕事ってこういうものなんだ」という実感を得ておくと、「自分にできること」をイメージしやすくなります。「こういう仕事ならできそう」という現実的な自信を持つ子もいます。世の中の仕事を具体的に知ることで、「好きなこと」とそのほかの「いろいろなこと」のバランスをとりやすくなるのです。

学校生活をそつなくこなせるタイプの子どもの場合、学校の文化祭で出店を企画・運営したり、部活動やサークル活動で部費を管理したりという形で、高校・大学くらいの段階で仕事に近い体験を自然に積み重ねていくこともあります。アルバイトをして、さまざまな仕事を実際に経験する子もいます。

一方、知的障害の子や発達障害の子には、自分からそういった多様な体験をするのが得意ではない子もいます。自分からグループに入っていくことに、あまり乗り気になれない子もいるのです。そういう子どもには、大人が職業体験の機会を用意したほうがよい場合もあります。子どもの様子を見ながら、体験の必要性を検討しましょう。

まとめ
子どもが勉強を苦手としている場合には知的障害や学習障害の可能性もある。

成績よりも、子どものモチベーションを大切に

第3章では「学びやすさを大事にしたい」「でも、学力にはこだわらない」という2つの考え方の両立を目指して、さまざまなことを考えてきました。

宿題をやりきれない子、勉強に強いストレスを感じている子に、それ以上無理をさせるのはよくありません。学ぶのが苦痛なのは、課題が合っていないからだと考えるべきです。難しい課題を無理やり克服させても、子どもの学習意欲は伸びません。むしろモチベーションは失われていきます。子どもが「何かが学べた」「何かが楽しい」と感じられるように、やり方を見直しましょう。

教育や学習を見直すときには、成績や学歴にとらわれないことが大切です。成績を追い

かけると、どうしても目標が高くなり、子どもに負担をかけることになります。本人も大人も「できないこと」を意識してしまいます。それよりも、子どもの「できること」を大事にして、学習を組み立てていきましょう。**大人の役割は、子どもが「できる」に基づくモチベーションを持てるように、丁寧に支えていくこと**です。

子どもは「できること」や「好きなこと」を中心にすえて学んでいくのがよいのですが、同時に、生活に即した力を身につけていくことも重要です。特に知的障害の子、発達障害の子は、そのような力を身につける機会が少なくなりがちです。大人のサポートを必要としています。特別支援教育の活用も含めて、いろいろなやり方を検討していきましょう。

次の第4章では、特別支援教育の仕組みと活用法を解説します。知的障害の子、発達障害の子はどんな仕組みを利用すると、より学びやすくなるのか。学校・学級の選び方などをお伝えしていきます。

第4章

特別な場での教育
――学校・学級の選び方

特別な場での教育は子どもの「保険」になる

第3章でも少し解説しましたが、発達障害の子や知的障害の子は特別な場での個別の教育を利用することで、より学びやすくなる場合が多いです。第4章では、特別な場の活用についてくわしく解説していきます。

なお文部科学省では、通常学級における合理的配慮も「特別支援教育」の概念に含んでいます。本書では、**合理的配慮も含めた総体として用いる場合は「特別支援教育」、合理的配慮を含めない場合（支援級や通級などの利用）は「特別な場」あるいは「特別な場での教育」**などの言葉で説明しています。

最初に結論を言ってしまいますが、私は、**発達障害の子や知的障害の子は特別な場での教育を利用し、支援を受けたほうがよい**と思っています。

なぜかというと、それが子どもの「保険」になるからです。発達障害の子や知的障害の子は支援を受けたほうが、より安全に、そしてより安心して、学校に通えるようになる場合が多いです。「保険」というのは、具体的にはどういうことなのか。いろいろな例をとり上げながら、説明していきましょう。

この章を読むとわかること

- 特別な場では、どんな支援が受けられるのか
- なぜ特別な場を活用したほうがよいのか。「保険」とはどんなことか
- 学校・学級をどのように選ぶのがよいか

困りごと⑤　学校からの配布物をきちんと持ち帰れない子

子どもにとって「保険」があるというのはどういうことか、事例を挙げながら考えていきましょう。

学校生活の困りごととして、プリントなどの配布物をめぐる悩みを相談されることがあります。

例えば、子どもが配布物をほとんどなくしてしまい、親が困っているという場合があります。親が子どもに「今日、学校からの配布物はあった？」と聞くと、子どもは「なかった」と答える。でも実際にはプリントが配られている。子どもはプリントを学校の机に置いてきていて、しかも受け取ったことさえ覚えていない。結果として、親は保護者会の日

時などが把握できず、苦労している。そういうご相談がしばしばあります。

子どもが配布物を持ち帰れない場合に、みなさんはどんな対応を考えますか？　親が「配布物は？」と聞いても、本人は覚えていない。ランドセルの中を探してみても、入っていない。その場合、親に何ができるでしょう？

学校の先生はどうでしょうか。忘れっぽい子には、丁寧に対応している先生が多いと思います。子どもに「このプリントはランドセルにしまってください」「帰ったら、必ずおうちの人に見せてくださいね」などと声かけをしている先生もいるでしょう。

それでも配布物を持ち帰れない子がいる場合に、どんな対応が考えられそうでしょうか？

親ができること　連絡帳を使って、子どもをサポートする

親が「配布物はあった？」と聞いたとき、子どもが「そうだ」と気づいてランドセルからプリントを出せれば、問題はありません。または、学校に置いてきたことを本人が思い

困りごと⑤　配られたプリントを持ち帰れない子ども

出して、次の日に持ち帰ることができれば、それで問題がない場合も多いと思います。しかし、親がそのような確認をしても子どもが配布物を持ち帰れず、生活上の問題が起きているのであれば、なんらかの対応を検討したほうがよいかもしれません。

例えば、**連絡帳を使って親と先生でやりとりをするという方法**があります。親が先生あてに「プリントを持たせました」と書いておく。先生はそれを見たら、子どもに声をかける。また、先生からも「配布物があります」といったことを書く。そのような連絡を通じて大人同士で配布物の確認をすれば、困りごとは減っていくでしょう。

親としては、「学校にそこまでのことは頼めない」と感じるかもしれません。しかし、保育園や幼稚園の頃には、同じようなことをしていたのではないでしょうか。幼児の頃は、子どもが先生に提出物などを渡すのが難しいと思ったら、連絡帳を使って先生とやりとりをしていたはずです。小学校に入ってからも、**本人が一人でやるのが難しいことがあれば、大人がサポート**をしてもよいのではないでしょうか。

私は、子どもに何かうまくできないことがあったときに「もう何年生だから」「ほかの子はできているから」という理由でサポートを減らすのはやめたほうがよいと思っています。

子どもによって成長のスピードは違います。年齢やほかの子を基準にするのではなく、その子の状態に合わせて対応を考えていくことが大切です。

先生ができること　手間のかけ方を「予防型」に切り替える

学校の先生にも同じように、「もう何年生なんだから、これができなければ困る」という発想を持たないようにしてほしいと思っています。特に、持ち物の管理や身だしなみ、時間を守ることのような生活習慣については、**年齢を基準にして子どもを評価しないようにしてもらいたい**です。

生活習慣の習得を、家庭でのしつけや本人の努力の結果だと考えている人もいますが、中には家庭でしっかり教わって、本人も一生懸命やっていても、特定の生活習慣が身につきにくい子もいます。例えば注意欠如・多動症（ＡＤＨＤ）の不注意の特性が強い子の場合、親も子もかなり努力していても、配布物をうっかり忘れてしまうことがよくあります。そういう子どもには年齢に関係なく、一定のサポートが必要です。

一人の子どもをそこまで手厚くサポートするのは難しいかもしれませんが、私が見聞きしてきた現場には、うまく対応している先生もいました。

例えば、子どもにプリントを渡すときに「ランドセルに入れてね」と声をかけ、実際にプリントが入っているかどうかを下校の前に確認しているという先生もいました。

親も子も困らないように、手間をかけてサポートをしているわけですが、その先生は少し手間をかけることで、問題を未然に防いでいました。そこにポイントがあります。

親からの提出物が学校に届かない場合には、子どもに配布物を渡したかどうかを確認し、渡していなければ注意して、再度配布する必要が出てきます。場合によっては親にも連絡する必要があります。**上手な先生は問題の対処に手間をかけるのではなく、先に子どもをサポートすることに手間をかけていたわけです。**そうすることで、子どもを注意する回数を減らし、子どもの自信を守ることにも成功していました。

簡単ではないかもしれませんが、学校でそのように「予防型」の対応ができれば、理想的だと思います。

協力してできること
協力しながら、よい対応方法を探っていく

親と先生が協力して連絡帳などの形でコミュニケーションをとり、子どもの苦手なことをサポートできたら、その子は学校で過ごしやすくなります。必要なサポートは子どもによって異なります。連絡帳でうまくいく場合もあれば、「持っていってね」「持ってきた？」という声かけを増やすことが有効な場合もあります。いろいろなやり方を試しながら、よい対応方法を探っていきましょう。

ただ、中には親と先生ができるかぎりのサポートをしても、困りごとが解決しない場合もあります。そのときには、また違う方法を考えます。そこで特別な場の利用が一つの選択肢となります。

例えば、**通常学級ではいろいろな困難が解消しにくい場合に、「通級指導教室（通級）」や「特別支援学級（支援級）」などを利用する**ことで、より細かなサポートを受けられるようになり、困難が解消することがあります。

その場合、これらの教室・学級が子どもにとって「もう一つのサポート」になるわけです。どの教室・学級を利用するかによって詳細は異なりますが、例えば、通常学級に在籍して通級を利用する場合には、親からのサポート、通常学級の先生からのサポート、通級の先生からのサポートという形で、多様な支援を受けられるようになります。一つのやり方では難しくても、別のやり方を試せるようになるわけです。

これが、私がこの章の冒頭でお伝えした「保険」です。特別な場を利用すると、子どもが学校生活で困ったときに、それをカバーするための支援を受けることができます。何か困ることがあっても、保険を利用できるようになるのです。私はそれが特別な場を利用することの重要なポイントだと考えています。

1 特別な場での個別の教育とは

特別支援教育の仕組み

特別支援教育の制度については、すでに多くの本でくわしく解説されています。この本では特別支援教育の概要を説明しながら、私が特別支援教育をどう考えているのかを解説していきます。

文部科学省は特別支援教育を「障害のある幼児児童生徒の自立や社会参加に向けた主体的な取組を支援するという視点に立ち、幼児児童生徒一人一人の教育的ニーズを把握し、その持てる力を高め、生活や学習上の困難を改善又は克服するため、適切な指導及び必要な支援を行うもの」としています。

この説明の通り、特別支援教育では子どもの「自立や社会参加」に向けて、その子の「生活や学習上の困難」を解消するための教育が実施されています。通常学級の中で行われる「合理的配慮」も特別支援教育の一環として行われると位置づけられています。

さらに、「一人一人の教育的ニーズ」により的確に対応した教育を実施するための場として、次のように学校・学級が大きく4タイプに分けられています。子どもたちはさまざまな環境の中から、自分に合ったところで学習できるようになっているわけです。

■特別支援学校

障害のある子どもを対象として、学習面・生活面の困難の解消を目指した教育が実施されている学校。一般の学校とは別に設置されていて、多くは小学部から高等部までありま す(一部、幼稚部も設置されています)。一般の学校とは教育課程が異なり、生活面の学習が充実しています。

■特別支援学級(支援級)

一般の小・中学校の中に設置されている学級。一般的に「支援級」とも呼ばれます。特別支援学校と同様に、障害のある子に対して学習面・生活面の教育が行われています。支援級では、在籍している子どもが通常学級の授業に参加することもあります。

■通級指導教室（通級）

一般の小学校や中学校、高校の中に設置されている教室。一般的に「通級」とも呼ばれます。通級は、通常学級に在籍している子どもが一定時間利用する教室です。子どもは普段は通常学級で授業を受け、週に数時間程度、通級に通います。通級では学習面・生活面のさまざまな課題の中で、本人が個別の指導を必要としている部分の教育が実施されます。東京都のように、通級の教員が担当地域の各学校に定期的に出向いてその学校の通常学級に在籍する生徒の個別指導にあたる「特別支援教室」という制度を導入している地域もあります。

■通常学級（通常級、一般級）

一般の学校に設置されている通常の学級です。一般的に「通常級」「一般級」などとも呼ばれます。通常学級でも、子どもの障害に配慮した支援が行われています。ただし、通常学級は子どもの人数が多いため、特別支援学校や支援級、通級などの少人数教育に比べると、支援は少なくなりがちです。

4タイプの中から「居場所」を探す

特別な場での教育を利用する場合には、地域の「就学相談」に行って子どもの教育的なニーズを確認する必要があります。原則的に、就学相談をしなければ特別な場での教育の利用を開始することはできません。

就学相談では、面談や行動観察、心理評価などを通じて支援の必要性がわかった場合に、地域の教育委員会から「この学校・この学級が適当」という判断が提示されます。その判断をふまえて、子ども本人と親で特別な場での教育の利用を検討します。

特別支援教育の利用を最終決定するのは、子ども本人と親です。教育委員会の判断の通りにする場合もありますが、通級などが適当と判断されていても、子どもや親の希望で通常学級を選ぶこともあります。一方、教育委員会が「通常学級が適当」と判断した場合は、その時点では特別な場での教育を利用することはできません。通常学級に通って、特別な場を利用する必要があるとあらためてわかった場合に再度検討する形になります。

就学相談を進める中では、子どもも親も難しい決断を迫られることもありますが、大事なのは、より子どもにもっとも合っている環境を選ぶことです。

例えば通常学級は、最近ではユニバーサルデザインや合理的配慮も行われていますが、基本的には子どもの平均値に合わせてつくられています。発達の特性があり、平均からずれた部分が多い子の場合、通常学級にいると「ここは自分の居場所じゃない」と感じることもあります。教室にいるだけで疲れてしまい、登校をしぶるようになることもあるのです。その場合には、より子どもにフィットする環境を探したほうがよいということになります。

居場所が「ベースキャンプ」になるように

私は、**特別支援教育では「居場所」という発想を持つことが大切**だと考えています。

親御さんや学校の先生の中には、「子どもは通級などでいろいろなことを学んで、集団に入れるようになったら通常学級に戻るんだ」と考える人もいます。特別な場を「仮住まいの居場所」のようにとらえているのです。特に知的障害がないタイプの発達障害の子の場合、大人がそのような発想を持つケースが見られます。

しかし、大人がそう考えていると、子どもも当然、同じような考え方になります。子ど

「特別支援教育」の概念図

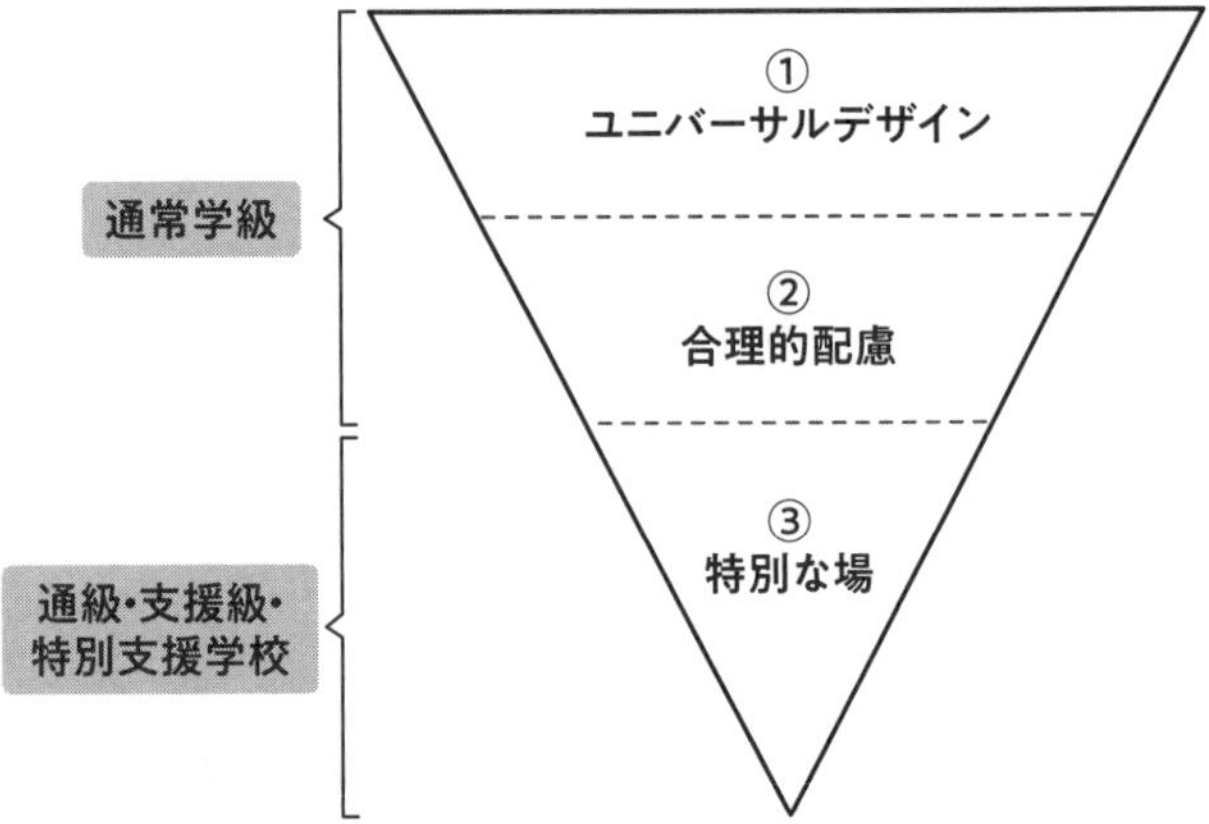

もとしては通常学級よりも通級や支援級のほうが学びやすいと感じていても、そこを早く出て通常学級に戻らなければならないと考えてしまうことがあるのです。そうやって通常学級こそが自分の居場所だと考えていると、通級や支援級で、地に足をつけてじっくり学ぶことが難しくなります。一方で、あせって通常学級に戻っても自分に合わないことが多く、しんどさを感じたりもします。

そうではなくて、特別な場での教育を必要としている子どもには、通級や支援級、特別支援学校が「居場所」になることが大切です。自分の居場所で支援を受けて、勉強や生活習慣などをじっくり学びながら、通常学級でもできそうなことがあれば、そちらにも参加するという学び方のほうがよいのです。

第2章で解説したように、学校に3つのステージが整備されていて、子どもがステージ間を自由に行き来できるようになっていれば（90ページ）、子どもはさまざまな環境を利用して、柔軟に学ぶことができます。特別な場が子どもにとってのベースキャンプのようになり、そこで安心してのびのびと学習しながら、チャレンジできそうなことがあれば外に出て経験を積んでくる、というスタイルで学べるようになるのです。

私はそのように、**本人にもっとも合っている環境を「居場所」としながら、3つのステージを自由に行き来できるようにすることが重要**だと考えています。

通常学級にいれば「いい刺激」を受けられる？

親御さんや学校の先生と特別支援教育の話をしていると、「この子に通級や支援級が合うのもわかりますが、通常学級で大勢の中に入ったほうが、いい刺激を受けるんじゃないですか」と言われることがあります。

確かに大勢と交流すれば、いろいろな刺激を受けます。しかしその中にはプラスの刺激もあれば、マイナスの刺激もあります。**発達障害の子は、通常学級にいると「自分だけ、ほかの子たちと何かが違うぞ」という違和感**を持つことがあります。通常学級では、ほかの子はだいたいみんなできているのに、自分だけうまくいかないという経験をすることがしばしばあるのです。

そういう経験を刻々と積み重ねていくと、学年がある程度上がったときには、孤立した感覚を味わうようになります。集団に入って刺激を受けようとした結果、むしろ孤立感を増して、「どこにも居場所がない」と感じてしまう子もいるわけです。

どうすれば「居場所」をつくれるか

親御さんや学校の先生には、発達障害の子が教室で違和感や孤立感を持たなくても済むようにしてほしいと思います。そのような事態を防ぐためには、子どもに努力をさせるのではなく、大人が努力をする必要があります。

通常学級で、発達障害の子がほかの子と同じ課題にがんばって食らいついて、ついていこうとするのは、間違っています。そうではなくて、親や先生ががんばって情報共有をして、その子が参加しやすい課題を用意するべきです。

通常学級で十分に対応することが難しければ、特別支援教育の仕組みを活用して、子どもの居場所をしっかりと用意するべきでしょう。

子どもが必死に努力して自分の居場所をつくるのではなく、大人が努力して、子どもの居場所をつくらなければなりません。大人がやるべきことは、学習以前の段階で、子どもに努力をさせることではないはずです。

まとめ

特別支援教育は一人ひとりに合った教育。

子どもの「居場所」を確保することが重要。

2 特別な場では、どんな支援が受けられるのか

特別な場では「自立活動」に取り組める

特別な場での教育では、さまざまな支援が行われています。支援の具体的な内容は、学校や学級、地域によって異なりますが、共通するポイントがあります。ここではその共通点を中心に解説していきます。

私は、特別な場での教育ではどのタイプの学校・学級でも「自立活動」が重要だと考えています。自立活動というのは、特別支援学校の教育課程に組み込まれている活動で、支援級および通級でもでも行われます。

特別支援学校の学習指導要領では、自立活動が「個々の児童又は生徒が自立を目指し、障害による学習上又は生活上の困難を主体的に改善・克服するために必要な知識、技能、態度及び習慣を養い、もって心身の調和的発達の基盤を培う」ことと定義されています。

つまり、「学習上又は生活上の困難」を解消するために「知識、技能、態度及び習慣」を学ぶのが、自立活動です。知識や技能だけでなく、態度や習慣までを含めて、幅広く学んでいく活動ととらえてよいと思います。

特別な場での教育では、子どもたちは教科学習に加えて、自立活動を通じて人間関係や生活習慣などを総合的に学んでいくことができるわけです。

自立活動は6区分27項目で設定されている

自立活動は、具体的には6区分27項目で設定されています（209ページの一覧）。体の健康を維持するために必要なことや、心の健康に関すること、人間関係やコミュニケーション、感覚面・運動面の特徴まで、幅広い内容になっています。特別支援学校・支援級・通級では、子どもたちはこのような内容をより学習しやすくなるわけです。

支援級や通級でも、子どものニーズに応じて、自立活動を行います。また、特別支援学校と同様に、教科学習などに自立活動の視点をとり入れることもできます。

通常学級では自立活動の時間を設定することは基本的にできませんが、自立活動の視点をとり入れた活動をすることは可能です。

学校や学級によって、自立活動に取り組む程度が違うということになります。それをふまえて、子どもに合った環境を選ぶようにしたいところです。

発達障害向けの「自立活動」とは

自立活動が学習指導要領に明記されたのは2000年代に入ってからですが、同様の活動は以前から行われていました。例えば、知的障害のある子や身体障害がある子は、木工や園芸、農耕などに取り組み、体の動かし方などを学ぶことが以前からありました。「障害のある子がこういう力を持っていると、将来の自立に役立つだろう」と考えられるような活動を授業の中で設定することが、昔から保障されてきたわけです。

一方で、発達障害の場合、近年になって障害の特性が理解されるようになったという背景もあり、現在はまだ、自立活動が十分に設定されていない場合があります。

例えば、発達障害の子が支援級や通級で、国語や算数の補習だけを行っているようなことがあります。**本来であれば、支援級や通級では「生活や学習上の困難」の解消を目指す**

自立活動の一覧

①健康の保持

- 生活のリズムや生活習慣の形成に関すること
- 病気の状態の理解と生活管理に関すること
- 身体各部の状態の理解と養護に関すること
- 障害の特性の理解と生活習慣の調整に関すること
- 健康状態の維持・改善に関すること

②心理的な安定

- 情緒の安定に関すること
- 状況の理解と変化への対応に関すること
- 障害による学習上又は生活上の困難を改善・克服する意欲に関すること

③人間関係の形成

- 他者とのかかわりの基礎に関すること
- 他者の意図や感情の理解に関すること
- 自己の理解と行動の調整に関すること
- 集団への参加の基礎に関すること

④環境の把握

- 保有する感覚の活用に関すること
- 感覚や認知の特性への理解と対応に関すること
- 感覚の補助及び代行手段の活用に関すること
- 感覚を総合的に活用した周囲の状況についての把握と状況に応じた行動に関すること
- 認知や行動の手掛かりとなる概念の形成に関すること

⑤身体の動き

- 姿勢と運動・動作の基本的技能に関すること
- 姿勢保持と運動・動作の補助的手段の活用に関すること
- 日常生活に必要な基本動作に関すること
- 身体の移動能力に関すること
- 作業に必要な動作と円滑な遂行に関すること

⑥コミュニケーション

- コミュニケーションの基礎的能力に関すること
- 言語の受容と表出に関すること
- 言語の形成と活用に関すること
- コミュニケーション手段の選択と活用に関すること
- 状況に応じたコミュニケーションに関すること

ことが重要です。子どもが人間関係やコミュニケーションで困っている場合には、そのための学習も必要なわけです。子どもが自分の特性を理解し、自分に合ったコミュニケーションを学んでいけるような活動もあってもよいのですが、学習面だけが重視され、通常学級の補習授業をする場所のようになっている場合があります。

支援級や通級で授業の補習をしてはいけないというわけではないのですが、補習をしてばかりで生活面の困難が軽視されている場合には、学習内容の見直しが必要です。特別支援教育では「一人一人の教育的ニーズ」を把握することが重要ですが、学習面だけではなく、子どもの生活面のニーズにも目を向けてほしいと思います。

第3章でも解説したように、知的障害の子や発達障害の子は、社会生活に即した力を身につけていくことが重要です。自立活動の枠組みの中で、そのような学習機会が増えていくことを期待しています。

特別な場で利用できる支援は一人一つだけ

特別な場では、子どもは自分の教育的ニーズに合った自立活動に取り組むことができます。先生たちが子どもの特徴を理解し、個別に配慮をして、その子に合った学習環境を整えてくれるわけです。

ただし、いまの制度で子どもが受けられる支援は、基本的に一人で一つです。特別支援学校で自立活動に集中的に取り組みながら、場合によっては支援級や通級も使い、得意な授業は通常学級で参加するというような形で、複数の学校・学級を同時に使い分けることはできません。

そのため、例えば子どもが支援級に在籍している状況で、親が「もう少し支援が必要で、支援員を増やしてほしい」と学校に相談すると、「特別支援学校を検討したほうがいいかもしれません」と言われることがあるかもしれません。支援級で実施できる支援にはある程度の枠組みがあり、それ以上が必要な場合には、別の枠組みを使う必要があるのです。

例えば、**支援学級の場合、1クラスに子ども8人まで**と定められています。基本的には、先生1人で子どもを8人まで見るということになります。その状態で支援員を増やすとなると、特別な対応が必要です。学校側が柔軟に対応している場合もありますが、対応できない場合もあります。ですから、特別支援教育の4つのタイプの中から、子どもにもっとも合った環境を選ぶことが重要になるわけです。

本来は、支援の枠組みを調整できるほうがよい

私は、日本の特別支援教育がそのような仕組みで実施されていることを理解はしていますが、支援を柔軟に調整しないということには反対です。

欧米では、子どもになんらかの教育的なニーズがある場合、「この子にはこういう特性があり、社会参加がこのように制限されている」「だから、こういう対応が週に何時間程度、必要だ」ということを個別に評価することが多いです。そして、一人ひとりの評価を合算して、学校での対応を決めます。支援を必要とする状況が多ければ支援者を増やし、そうでなければ支援者を減らすという形で、合理的に対応しているわけです。

日本の場合は、特別支援教育では先生一人に対して子どもが何人といった枠組みが決まっています。そのため、どのようなタイプの子どもが入ってきても、その枠を超えた対応は基本的にできません。日本の制度は、通常学級であれば通常学級のタイプの子、支援級は支援級のタイプの子というふうに、子どもたちを十把一絡げにしてとらえている面があります。支援級にも支援級の「平均値」のようなものがあるのです。

日本の特別支援教育にはよい面もいろいろとありますが、子どものニーズの評価の仕方、

それに応じた支援の組み立て方は、見直すべきだと考えています。

支援の枠組みを調整できないというのは大きな問題なので、今後は改善されていくべきだと思いますが、現時点では、いまある枠組みから子どもに合ったものを選ぶしかありません。

家庭では、いま住んでいる学区の中で、子どもに合った学校・学級を探すことになります。しかし、枠の選択肢は多くありません。支援級が合いそうだと思っても、通いやすい場所には支援級がないという場合もあります。また、学校の側も子どものニーズに対して、いまある枠組みで対応していくことになります。

家庭も学校も、現在の枠組みをどう活用するかがポイントになるわけです。特別支援教育を利用する際には、その点をふまえて学校・学級を選ぶことが大切です。

まとめ

特別な場での教育では「自立活動」という枠組みで、学習面・生活面の総合的な支援が受けられる。

3 学校・学級の選び方

発達障害の子は小1から特別支援教育を利用しよう

特別支援教育では学校・学級の選び方が重要になるわけですが、親御さんとその話をしていると、「通常学級にするか、通級や支援級にするかを迷っています」と言われることがよくあります。就学相談で「通級や支援級が適当」という判断が出た場合に、決断に悩む人が非常に多いのです。

学校・学級選びに迷う気持ちは、よくわかります。どの学校・学級を選んでも支援を受けられますが、すでに解説した通り、学校・学級によって支援の程度は異なります。子どもにどのタイプが合っているのか、考えてもなかなか答えは出ないでしょう。

判断は難しいのですが、この章の冒頭でも書いた通り、**私は基本的に、発達障害・知的障害の子は特別な場を利用したほうがよいと思っています。**タイプは通級でも支援級でも、特別支援学校でもかまいません。いずれかの形で、個別の支援を受けられるようにしておくことをおすすめします。

冒頭でもお伝えしたように、支援の選択肢を増やしておくことが、子どもにとって「保険」になるからです。特別な場を利用しないという判断をする場合は、通常学級の中でどのような合理的配慮がしてもらえるかを確かめておきましょう。

原則的に、特別支援教育の利用については、いつでも検討することができます。最近では小学校入学のタイミングで検討することが多いのですが、入学後にも必要性を感じれば、いつでも教育委員会や学校などに相談することができます。2年生、3年生になってから特別支援教育を受ける子もいます。

私は、発達障害の子は「小学1年生の4月」から特別支援教育を利用したほうがよいと考えています。子どもの学習環境に「保険」をかけるという意味では、早く特別支援教育を受けたほうがよいからです。早く「保険」をかけておけば、いつ困りごとが生じても、すぐに対応できます。

ということで、「はじめに」で出題したQ4の答えは次のようになります。これが私の特別支援教育への基本的な考え方です。

A４　発達障害の子は「**小学校入学**」から、特別支援教育を利用する

なぜ「小1の4月」から支援を受けるのがよいのか

親御さんや学校の先生の中には、「最初は特別な配慮をせずに通常学級に通ってみて、支援が足りないと感じたら、通級や支援級を検討すればよいのでは」と考える人もいます。そのように対応することもできるのですが、私はおすすめしません。

理由は２つあります。

まず一つは、これまでにも述べてきた通り、**子どもに一度失敗させてから環境を調整する方法では、「子どもの自己肯定感を損なう」**ということがあります。あとから検討するのでは遅いということです。

発達障害の子の中には記憶力が強く、つらい体験を鮮明に覚えてしまう子もいます。そういう子にとっては、小１のときの挫折がトラウマ体験のようになってしまうこともあります。子どもにわざわざトラウマ体験を植え付けるようなことは、避けるべきです。

そしてもう一つの理由は、**「特別な場の調整は簡単ではない」**ということです。

通常学級を選択した場合、基本的に居場所は通常学級一つです。そのあと何か困りごとが起きて、通常学級で学ぶのは難しいと感じた場合には、年度の途中で特別な場の利用を検討することになります。しかし、年度途中での調整は簡単ではありません。

先ほど述べた通り、日本の特別支援教育は一定の枠組みで行われています。基本的な枠組みとして、例えば通級には「子ども13人に対して先生1人」、支援級には「1クラスに子ども8人まで」といった規定があるのです。

多くの場合、学校側はそのような規定に沿って、年度始めにスタッフの配置を決めています。いまは各地の学校が人員不足に悩んでいるということもあり、子どもに対して先生の人数がギリギリというケースも多いです。そのため、年度途中に特別な場への移籍を希望しても、先生の人数が足りなくて、すぐには支援を受けられないという場合もあるのです。

「次の4月までは現状維持」となることもある

例えば、通常学級で1学期を過ごしてみて、お子さんがちょっとしんどさを感じたという場合には、教育委員会や学校などに「2学期から支援級で授業を受けられますか？」と聞くことができます。しかし、学校側がすぐには対応できないという場合もあるわけです。そうすると、「1年間は通常学級でやっていきましょう」という話になることもあります。ところが、そうこうしているうちに子どもが登校するのもつらくなってしまうということもあります。**最初に「保険」をかけておかないと、通常学級の支援では足りなかった場合に、次の対応がすぐにはとれないこともある**のです。

つまり、こういうことです。必要性の高い保険があります。その保険は、年度始めであれば申し込みをしやすいものです。学校は年度始めにスタッフを配置することが多いので、例えば、通常級にいても支援級にいても特別に支援員をつけてもらう必要があるのなら、早めに検討したほうがいいわけです。

実際のところ、問題は起きないかもしれません。でも、最初から保険をかけておけば、何かあったときにすぐ対応できるので、1年間安心して過ごせます。

最初に「保険」をかけて特別支援員の手を借りている例

「必要性」の高さはお子さんによって違いますが、みなさんには「保険」という発想を持って、特別な場の利用を検討してほしいと思います。

親や先生の安心感と、子ども本人の安心感

私は、最初から特別支援教育によって支援の選択肢がいくつか保障されていて、その中から子どもが自分で必要とする支援を選べるというほうが、親や先生も安心できますし、子どものメンタルヘルスにとっても、よいことだと考えています。

最初に通常学級一本で始めた子も、学校側の状況が整えば、通級や支援級に移ることができます。しかしそのタイミングが遅くなった場合には、子どもが「自分は失敗した、がんばれなかった」と挫折感を持つこともあります。表面的には対応できたように見えても、子どものメンタルヘルスが損なわれている場合もあるわけです。

中には、「親や先生の期待に応えられなかった」という思いを抱えて、脱落者のような心境で、自分を責めながら通級や支援級に通い始める子もいます。

対応は遅くなったけれど、特別支援教育の利用を始めた。親や先生は安心できた。でも、

子どもはすでに傷ついていた。そういう例もあるのです。

ですから私は、**「子どものメンタルヘルス」と「学校側の事情」という2点をふまえて、小1の4月から特別支援教育を利用することをおすすめ**しています。

「小1から」はおすすめであって、絶対ではない

私は特別支援教育について相談を受けると、いまのような話をするのですが、もちろん、自分の考えを強制することはありません。

親御さんの中には、お子さんが幼児の頃に子育て相談などに行って、相談員から「この子は通常学級でも学べます。通常学級に入れるようにがんばりましょう」と励まされ、ずっとがんばってきたという人もいます。

私は、学校というのは子どもががんばって入るところではないと思っているので、親御さんに自分の考えを伝えます。子どもががんばらなくても十分に学べる環境を、まずはおすすめします。しかし、親御さんがいろいろな考え方を知ったうえで「最初は通常学級に」と希望する場合には、それを引き止めて「通級や支援級を選びましょう」とは言いません。

なぜなら、私はお子さんの人生に責任を取れないからです。

発達障害の子の中には、通常学級に入ってみた結果、適切な支援をうまく受けることができて、そのまま小学校卒業まで通常学級で学んでいく子もいます。一方で、これまでに述べてきたように通常学級では十分に学べず、挫折感を持つ子もいます。どちらになるのか、やってみないとわからないところもあります。専門家でも「絶対にこちらが正解」と、責任を持って言うことはできないのです。

私たちができるのは、基本的な考え方や見通しをお伝えすることです。特別支援教育を利用するかどうかは、最終的には子ども本人や親御さんが判断するしかありません。

大事なのは「保険」をかけておくこと

親御さんから「子どもがどういうタイプだったら、通常学級でも大丈夫ですか?」「どんな特性があったら、通級や支援級を考えたほうがいいですか?」と聞かれることもありますが、それについてもやはり「正解」を示すことはできません。私がお伝えできるのは、あくまでも「基本的な考え方」です。

あくまでも「基本」という前提で、それでも私がはっきりとおすすめしたいのが、発達障害の子は小学1年生の4月から、特別支援教育を利用したほうがよいということです。**最初から支援を受けていれば、何事も調整しやすくなります。それが「保険」をかけるということ**です。例えば、子どもが支援級に在籍して学んでいる場合に、通常学級との交流でもそれなりにやっていけるようであれば、交流を増やすことも検討できます。また、本人が交流を通じてある程度自信を持てるようになり、「通常学級に行きたい」と希望したら、次年度から通常学級に移ることを検討するのもよいでしょう。実際にそうやって支援級や通級から通常学級に移る子もいます。

大事なのは、親御さんや学校の先生が子どもにとって学びやすい環境を用意し、いくつかの選択肢を示しておいて、子ども本人が自分に合っている「居場所」を選ぶことです。

そういう意味では、**通常学級一本で始める場合にも、どこかにほかの「居場所」をつくっておくとよい**と思います。例えば、保健室などにもいられるようにする。もしくは、放課後等デイサービスなどを利用して、そこで学校とは違う活動ができるようにしておく。そうすることで子どもも本人も親も、そして先生も、本人にとってどこが居心地いいのかを考える機会が増えます。

特別支援教育の中で、どの学校・学級にするか

特別支援教育に関する相談では、「支援が必要なのはわかりますが、支援級か通級か、どちらがよいでしょうか」と聞かれることも多いです。

この場合も「正解」は示せないのですが、目安をお伝えすることはできます。これは私のおすすめというよりは、実際の例の紹介です。次のような選択をして、子どもに学びやすい環境を整えている例が多いです。学校・学級選びの参考にしてください。

■知的障害がある場合

私がみてきた中では、知的障害が重い場合には、特別支援学校を使うことが圧倒的に多いです。特別支援学校でしっかりと支援を受けながら、自立活動も活用して、総合的に学んでいくという形が多くなっています。知的障害が重い子の場合、そのような形で生活に即した力を身につけていくことが、将来の社会参加につながることが多いです。

それに対して知的障害が軽度や中等度の場合には、小学校のうちは一般の学校で支援級を利用することが多いと思います。軽度の場合は小学校から中学校まで支援級ということ

が多い印象です。中等度の場合は、中学から特別支援学校に移るということもよくあります。もちろん、子どもの特徴や学校の環境によって、違う形になることもあります。

境界知能の子どもは、多くの地域で通常学級と判定されます。しかし、自閉スペクトラム症などの発達障害を併存している場合には、通常学級の授業が合わないと感じる子どもが多いのが実情です。地域によっては、そのような子どもも知的障害に準じて支援級と判定されることがあります。

■知的障害がない場合

知的障害がなくて、発達障害がある場合には、一般の学校で通級や支援級を利用することが多いです。特別支援学校に入る子もいますが、極めて例外的です。

私は以前、横浜市で働いていた頃には、知的障害がなくて発達障害がある子は、通級を利用するのがよいと思っていました。通級でよく学べている子が多かったからです。しかしその後、山梨県や長野県で働き、また、ほかのさまざまな地域の状況も見聞きして、「必ずしも通級が適切とは言い切れない」と考えるようになりました。

地域によって通級・支援級の設置状況が違う

横浜市では、通常学級と通級がよく連携をとれていることが多いと感じていました。子どもが通常学級に在籍してある程度の支援を受け、必要に応じて通級で個別の支援を受けるという形が、うまく実践されていると思っていたのです。

また、その頃の横浜市は通級の設置数が比較的多かったため、子どもの在籍校に通級がなくても、近隣の学校の通級を利用することができました。一方で、支援級はそれほど多くはなく、特に知的障害のない子が利用しやすい支援級は少なかったため、当時の横浜市では、発達障害の子はどちらかといえば通級を使うことが一般的だと感じていました。

ところが、横浜市以外の状況を見てみると、中には通級が利用しにくい地域もあると考えるようになりました。通級の設置数が少ない地域では、在籍校に通級がない場合、かなり遠くの学校に通わなければ通級を利用できないこともあります。

そのような地域では、通級が少ない一方で、支援級はほとんどの学校に設定されているという場合もあります。地域によっては、通級よりも支援級を利用したほうが支援を受けやすいところもあるわけです。

ですから、知的障害がなくて発達障害がある場合に、「このタイプは通級」「このタイプは支援級」という目安を示すことはできません。地域性を確認しながら、子どもが支援を受けやすい場を選んでいくことになります。

見学会や体験会を活用して、現場を確認する

すでに述べた通り、特別支援教育を受けるためには就学相談をする必要があります。多くの場合、就学相談の流れの中で、学校の説明会や見学会、体験会などに参加する機会があります。そのような機会を活用して、地域の通級や支援級の状況を確認することをおすすめします。

通級や支援級が自宅から通いやすいところにあるかどうかも重要ですが、それだけではなく、クラスの雰囲気を見ておくことも大切です。担当の先生はどのような人か。クラスの構成メンバーはどうなっているか。教室の様子はどうか。先生やメンバー、教室が子どもと相性がよさそうかどうかを確認しましょう。

うまく運営されているクラスでは、子どもたちが学習もしっかりできていて、さらに教

室を仲間づくりの場としても活用しています。上手な先生は、クラスの構成メンバーをうまく組み合わせて、ペースの合う子どもたちでグループをつくったりするのです。

反対に、構成メンバー同士の相性が悪いクラスでは、子どもたちがイライラしていて、雰囲気が悪くなっていることがあります。そのようなバランスを見ておくことも大切です。

見学や体験などを通じて、お子さんと同じようなタイプの子どもが快適に過ごせているところを探していくと、学校・学級選びをしやすくなります。

中には最終的に通常学級を選ぶ人もいる

中には、通級や支援級を見学してみた結果、最終的に通常学級を選ぶ人もいます。親御さんとしては「支援を受けたほうがいい」と思っていて、現場を確認してみたものの、その環境が子どもに合っていないと判断するケースもあるのです。

例えば、子どもがおとなしいタイプで、通級や支援級で落ち着いて学べるようにしたいと考えて現場を見学した場合に、そのクラスがどちらかというとにぎやかな状態だということもあります。そうすると、子ども本人が「ここには通いたくない」と言ったりします。

その場合には、通常学級で支援を受けることも一つの選択肢になるわけです。

私が見聞きしてきた中には、そのような状況で、学区外の通級や支援級に通いたいと希望し、教育委員会に相談をした親御さんもいます。それも一つのやり方だと思います。

子どもが通える通級や支援級が、必ずしも支援を受けやすい場所とはかぎりません。通常学級や学区外の学校・学級も含めて視野を広げ、子どもに合っている環境を探すようにするというのも、一つの考え方でしょう。

ただし、そのような形で通常学級を選択した場合にも、地域の状況が変われば、支援級や通級の利用を再度検討することもあると思います。また、お子さんの気持ちが変わって「やっぱりあそこに通いたい」と言い出す場合もあるでしょう。状況は変化していきます。一度決めたからといって、その選択にこだわるのではなく、そのときどきでまた検討できるように、視野を広く持ち続けるようにしてください。

まとめ

通級や支援級を見学して、子どもに合う環境を選び、できるだけ小学1年生の4月から利用する。

4 特別支援教育の「その後」

早く支援を受けた子は「その後」の社会適応がよい

私は、特別支援教育を受けることは、子どものいまの学習環境を改善するだけでなく、その子の将来にもよい影響を与えると思っています。

発達障害や知的障害の専門家の間では、何十年も前から**「教育的な支援を受けた人のほうが、社会に出たときの適応がよい」**と言われています。

特別支援学校の子どもたちを見ていても、それはよくわかります。特別支援学校には、基本的には障害の重い子どもたちが通っています。特に幼稚部や小学部の段階では、障害が重度の子どもが多いです。しかし、学年が上がるにつれて、障害が中等度や軽度の子どもも通うようになります。特別支援学校の高等部では、障害が軽度の子どもの割合のほうが多くなります。

その子どもたちを見ると、小学校から特別支援学校や支援級に通って支援を受けていた子は、身のまわりのことなどを行う生活スキルが高いことが多いです。着替え、片づけ、掃除、家事などを自分なりのやり方で、一人でできたりします。

それに対して、小・中学校ともに通常学級だけで過ごしてきた子には、生活スキルが十分に身についていない子が多い印象があります。勉強はある程度してきているけれど、生活に即した知識やスキルが十分ではないという場合が多いのです。また、メンタルヘルスが損なわれていて、自己肯定感が低いという子もよく見られます。

つまり、**早くから支援を受けてきた子どものほうが、社会人としての基礎的な力が身につき、社会に出る準備が整ってきていることが多い**のです。なぜかといえば、特別支援教育では、社会生活に即した力を総合的に学ぶ機会があるからでしょう。それは、これまでに解説してきた通りです。

特別支援教育の「その後」を、二択で考える

そういう意味では、特別支援教育の「その後」は、ある程度見えているとも言えます。障害のある子は、早く支援を受けたほうが、その後の社会参加をしやすくなる。それが一つ

の基本的な考え方として、何十年も前から専門家の間で共有されているわけです。

そのような視点もふまえて考えると、特別支援教育を受けるかどうかという二択は、子どものその後をどう考えるかという二択でもあると、私は思っています。きつい言い方になってしまいますが、それは次のような二択です。

①小学校で特別扱いせず、たくさんの友達の中に入っていい思い出をつくらせたいと親が願い、その代わりに、子どもはその後の人生で生活する力をうまく身につけられず、つらい思いをする。

②小学校で特別な教育の場を確保し、将来、社会人として地域でしっかり生活できるようにしていく。

本当に身も蓋もない言い方で申し訳ないのですが、私がこの本で解説してきたのは、こういうことです。

子どもの学校生活の「その後」を見越して、社会に出ていくための土台づくりができる環境を選ぶのか。それとも、とにかく学校生活を標準的に送っていけるようにするのか。そのどちらを選ぶのが、子どもの長い人生にとってよい選択になるのかを、いろいろな側面から解説してきたわけです。

「いい刺激」に期待しすぎてはいけない

小学校で通常学級にいれば、確かに多くの子どもたちと交流できます。授業や行事などを通じて「いい思い出」をつくることもできるでしょう。

しかし、この章の前半で解説したように、大勢との交流には「いい刺激」もあれば、そうではない刺激もあります。発達障害の子の場合、大勢の中ではマイナスの刺激を受けることも多いです。「悪い思い出」ができて、それをずっと忘れられなくなる子どももいます。

私は、**「通常学級にいれば、いい刺激を受けられる」という考え方は、幻想**だと思っています。親御さんや学校の先生が「面倒見のいい子もいるので、通常学級でも大丈夫ですよ」などと言うこともありますが、そのような考え方は甘いと思います。そんなふうに、同年代の友達に過度な期待を寄せてはいけません。

小学校低学年くらいであれば、まだみんな無邪気ですから、同級生が困っていたら助けようとする子も多いです。しかし学年が上がり、子どもたちが思春期を迎えると、そのような場面は減っていきます。思春期の子どもたちは、気の合う相手を選んでつき合うようになります。**基本的には平均的な子は年齢が上がるにつれて、親しくつき合う相手を絞り込んでいきます。**そのとき、個性的で目立つ子は、ほかの子どもたちから敬遠されることがあります。個性的な子は、みんなが成長していく過程で、グループの中で浮いてしまうことがあるのです。そのような状況になったとき、子どもはそこを「自分の居場所」だと感じられるでしょうか。

大人は、子どもの同級生にサポートを期待するのではなく、自分たちで発達障害の子をサポートする用意をしておくべきだと思います。

「いい刺激」を受けるのは、まわりの子どもたち

子どもが受ける「いい刺激」についてもう少し言っておくと、私は、発達障害の子が通常学級に参加したときに「いい刺激」を受けるのは、どちらかというと、まわりの子ども

たちだと思っています。

通常学級には、基本的に「学校の標準」をこなせる子どもたちが集まります。通常学級は平均的な子どもの集団になりやすいわけです。そこに発達障害の子が参加して、ほかの子どもたちと違う部分が目立った場合には、発達障害の子が刺激を受けるというよりは、むしろ通常学級のほかの子どもたちが「多様性」を実感しやすくなります。

じつはその点を、クラス運営に活用している先生もいます。支援級に通っている発達障害の子が通常学級の授業に参加することがありますが、上手な先生はそういう機会を通じて、通常学級の子が障害のある子とのつき合い方を学んでいけるようにしているのです。

例えば、授業の中で発達障害の子の見せ場をつくるというやり方があります。授業に関連することで、発達障害の子の得意なことがあったら、それをクローズアップする機会をつくるのです。私が見聞きした例では、発達障害の子に好きなものやコレクションしたものを持ってきてもらって、授業で発表してもらったという話があります。

発達障害の子は、こだわりを持って一つの分野をとことん追求することがあります。そういう分野の話をしてもらうと、本人も個性的な力を発揮できて達成感を持てますし、ほかの子どもたちも「すごいな」と実感できたりします。

それによって、発達障害の子は通常学級の子どもたちと交流するモチベーションを高めます。そして通常学級の子も、発達障害の子に対する理解を深め、その子とのつき合い方を学ぶきっかけを持つわけです。そのような形でお互いに「いい刺激」を与え合うのは、よいことだと思います。

子どもは支援級や通級でも「いい刺激」を受ける

ただ、交流を通じて「いい刺激」を与え合うのもよいのですが、私は通級や支援級、特別支援学校の中でも子どもたちは「いい刺激」を受けていると思っています。

横浜市で発達障害の子どもたちをみていたときには、通級や支援級が仲間づくりの機会になっていることがよくありました。発達障害の子は「少数派」で、特殊な趣味を持っていたりするのですが、通常学級よりも通級や支援級のような場のほうが、趣味の合う子が見つかりやすい場合もあります。上手な先生がそういうところに注目して、気の合う子どもを組み合わせてクラス分けをしていることもありました。

そういう例をよく見ていたので、親御さんから「通常学級に入ったほうが、いい刺激を受けるのでは」と聞かれたときには、**むしろ通級や支援級のほうが「いい刺激」を受けて「いい仲間」ができることも多い**という話をすることもあります。

それでも「やっぱり通常学級に」と希望する親御さんもいますが、私は**「通常学級志向」を強くしすぎないことをおすすめ**しています。親御さんが「通常学級がいい」「通級や支援級はなるべく避けたい」と考えていると、お子さんも心のどこかでそういう考え方を意識するようになります。例えば、親が「通常学級に決めたんだから、がんばろうね」「みんなと一緒にいたいなら、勉強をもっとやらなきゃ」などと声をかけていると、子どもも通常学級を意識しすぎてしまう場合もあります。

そういうお子さんは、通級や支援級にいる子どもたちとの交流を避けてしまうことがあります。「通常学級の子どもたちとつき合いたい」「支援級のやつらと自分は違う」などという考え方になってしまう場合があるのです。そうなると、通級や支援級に気の合う相手がいても、うまくつき合えなくなりがちです。一方で、通常学級の子どもたちと交流しようとしても接点があまり持てず、そちらでも孤立してしまう場合があります。

親が特定の環境に対して「ここを居場所にしてほしい」という欲目を持ってしまうと、子どもがその思いに縛られて、居場所を見つけにくくなることもあるわけです。

「その後」を見据えて、子どもの居場所を考える

私は、学校の「その後」を見据えて子どもの「居場所」を考えることが重要だと思っています。発達障害の子どもたちは、社会の中では「少数派」となります。それを「少数派だからつらい」と感じるか、それとも「少数派だけど自分らしくやれている」と感じるかが、子どもの長い人生に大きく影響します。

通常学級でも通級や支援級でも、環境になじめず、自分とほかの子どもたちとの違いをネガティブにとらえることが多い子は、その環境を自分の「居場所」だと思うことがなかなかできません。そういう子は少数派である自分の特徴について、「みんなと違っているのがつらい」と感じるようになることが多いです。

一方、どこの学校・学級にいても、そこを自分の「居場所」だと思い、自分らしくやれていると感じている子は、自分の得意なことや好きなこと、ほかの人にはない持ち味を、よいものだと思えるようになっていくものです。「自分には人と違うところもあるけれど、自分なりにやっていける」という心持ちで、日々を過ごしていくようになっていきます。

この本の内容に、納得できないという場合は

私は子どもの「居場所」と、そこで受ける「いい刺激」、そして「その後」のことを、親御さんによく説明しています。その中で、先ほど挙げた二択を示すこともあります。

思い出のために「その後」の人生をつらいものにするか、それとも「その後」の人生にきちんとつながっていく居場所を探すか。

私はもちろん、子どもの「その後」を考えて、その子にとって学びやすい環境を整えてほしいと思っています。そのために、この本で書いてきたようなことを親御さんや学校の先生にお話しししています。

しかし、いろいろと話してみても「何か困りごとが起きたら、そのときに考えたい」と判断する人もいます。そう判断されるということは、私は信じてもらえなかったということでしょう。そういうときには、自分は力不足だと感じます。

おそらくこの本を読んでいる人の中にも、「まずは通常学級に通ってみて、様子を見た

い」という人もいると思います。お子さんがそう希望することもあるでしょう。私は、そう考えている人に「どうしても支援を受けてほしい」とは言いません。人生というのは、自分でやってみようと思ったことを、まずはやってみる必要があるからです。

やってみてうまくいかなければ自信が下がることもありますが、自分で決断して失敗したときには、納得できるものです。反対に、誰かにすすめられたことを渋々やってみたときには、それがうまくいっても失敗しても、すっきりしないことがあります。自分が納得するためのプロセスとして、実践が必要なときもあるのです。

この本を手に取っているみなさんも、「小1の4月から特別支援教育を受ける」という話を読んでみて、いま一つ納得できないという場合には、自分が納得できる選択肢を取ってほしいと思います。「本田がそう書いていたから」というだけの理由で支援を受けることは、おすすめしません。

そうではなく、基本的にはお子さん本人の意思を大切にしながら、本人がまだうまく判断できないところについては、親御さんがお子さんのために必要だと思うことを、納得して選ぶようにしてほしいと思います。

まとめ
早くから特別支援教育を受けたほうが、「その後」の社会適応はよくなる。

一人ひとりが居場所を見つけ、自信を持って学べるように

この本では、発達障害や学校、特別支援教育についての基本的な考え方をお伝えしています。私は発達障害の専門家として、数十年にわたって多くの子どもたちをみてきました。第4章では、その子たちから学んだ基本的な見通しをお伝えしました。

発達障害の子は、早くから特別支援教育を受けたほうが、いろいろなことを学びやすくなり、また、気の合う仲間も見つけやすくなります。過ごしやすい環境があれば、そこが子どもの居場所となり、安心できる「ベースキャンプ」となります。

また、特別支援教育では「自立活動」を通じて、子どもが社会生活に即した力を身につけていくことができます。そのような力を着実に習得していくと、学校を出てからの社会

適応がよくなります。私はそのような見通しを持って、発達障害の子に小学1年生の4月から特別支援教育を受けることをおすすめしています。

一人ひとりの子どもが自分の居場所を見つけて、自信を持って学習に取り組み、適度に交流しながらお互いに「いい刺激」を与え合えるようになれば、学校が小さな「共生社会」になっていくでしょう。親御さんや学校の先生には、そのようなイメージを持って、学校・学級の環境を整えてほしいと思います。

次の第5章では、そのように「これからの学校教育」を考えていく視点を紹介します。学校を小さな「共生社会」にしていくために、大人ができることは何か。一緒に考えていきましょう。

第5章

これからの学校教育

学校の未来をつくるために、私たちにできること

この本では、発達障害の子の学校生活をさまざまな視点から考えてきました。

発達障害の子は、どうして学校で困ってしまうことが多いのか。「学校の標準」が狭いという現状をお伝えしました。そして、学校を居心地のよい場所にするための対策として、3つのステージを意識して環境を整えること、成績や学歴を重視しすぎないこと、子どものモチベーションを大事にすることを紹介してきました。

発達障害の子は、一般の学校・学級でも支援を受けて学習することができますが、特別な場での教育を利用することによって、よりリラックスして、自分らしく学んでいくこともできます。専門的な支援を受けることの重要性も、お伝えしました。

この本で紹介してきたことを参考にしていただければ、お子さんにとって学校が居心地のよい場所になっていくと思います。

しかし、これまでにも何度か書いてきましたが、いまの学校には見直さなければいけない部分もあります。「学校の標準」はもっとおおらかなものであるべきです。特別支援教育の枠組みも、より柔軟なものになってほしいと思います。

私たちは、子どもたちの支援をいま行うとともに、これからの学校教育に向けて、環境を見直すことにも取り組んでいかなければいけません。そこで最後の第5章では、学校の未来をつくるために、私たち大人にできることを考えていきます。

この章を読むとわかること

- 学校を「共生社会」にするために、私たちにできること
- 「共生社会」では、どんな行動をとるのがよいか
- 親は、先生は、将来のためにいま何をすればよいのか

困りごと⑥　子どもに「学校に行きたくない」と言われたら

親御さんと学校の先生が協力しながら、子どものために環境を整えていけば、基本的には学校は居心地のよい場所になっていきます。しかし、その変化は少しずつ起こっていくものです。いろいろな対応をしている最中に、お子さんがストレスを抱えて、学校に行きづらくなってしまうこともあると思います。

例えば、親も先生もいろいろと工夫しているにもかかわらず、朝、子どもが「学校に行きたくない」と言い出すことがあります。

大人としては、子どもの勉強や忘れ物などの課題をサポートしているつもりでも、子どもが登校をしぶることはあるのです。「行きたくない」とはっきり言う子もいれば、「お腹が痛い」と言ってぐずぐずして支度がはかどらず、登校時刻に間に合わなくなる子もいます。そのような状態になったら、みなさんはどう対応しますか？

親御さんなら「どうしたの？」と心配しつつ、「先生もよく見てくれているから大丈夫だよ、行ってみよう」と言って、お子さんを励ますでしょうか。学校の先生と連絡を取り合っている状況であれば、「今朝は登校をしぶりましたが、なんとか行かせました、よろしくお願いします」と伝えることもできます。励ますのがよいか、もしくは思い切って休ませるか。どちらがよいでしょう。

先生はどうでしょうか。親御さんから「子どもが登校をしぶるようになった」という連絡をもらったら、どう対応しますか？「ひとまず登校できていれば大丈夫」と考えるでし

困りごと⑥　学校に行きたくないという登校しぶり

ょうか。登校をしぶる子への対応は、いつ始めるのがよいのでしょう。登校しぶりの段階か、実際に休んでからか。欠席が何日も続いたら検討するか。みなさんはどう思いますか？

「登校しぶり」はどの程度のSOSなのか

日頃、さまざまな相談を受けていると、子どもが登校をしぶることを「その子が悩み始めた段階」だと思っている人が多いのですが、その理解は間違っています。**登校しぶりというのは、子どもが悩み抜いて疲れ果て、自分でできることはすべてやり尽くしたという、最終段階のSOS**です。親御さんも学校の先生も、すぐに対応しなければいけません。

私はそういうお子さんに「どうしたの？」と聞きます。学校に行くか行かないかということを考える前に、まず子どもの話を聞くのです。聞いてみると、答えはさまざまです。勉強がしんどいという場合もあれば、友達や先生とのやりとりで何かつらい体験をしたという場合もあります。低学年くらいのお子さんだと、まだ考えをうまく言えなくて、駄々をこねるだけということもありますが、その場合もお子さんの様子をよく観察します。

そして、**お子さんが「つらい」と感じている部分にどう対処できるか**を考えます。そこに対処できなければ、学校に行かせても、お子さんにつらい思いをさせるだけだからです。お子さんの様子を見て、いまは学校を休まざるを得ないと考えることもあります。お子さんのメンタルヘルスを守るのが私の仕事なので、お子さんや親御さんに「いまは休んでもいいんじゃないですか」とお話しすることもあります。

親ができること　休ませて「どうしたの?」と聞く

家庭でも、同じように対応してよいと思います。朝、お子さんが登校をしぶっているのなら、その日はひとまず休ませることにして、ゆっくり時間をとって「どうしたの?」と聞いてみることをおすすめします。私は基本的に、登校をしぶる子には休息が必要だと考えています。親御さんにも毎日の予定があり、すぐに時間をとって対応するのが難しいこともあるでしょう。ただ、その場合にも例えば翌日にはお子さんの話を聞くような形で、何かしら対応してほしいと思います。

学校をしんどいと感じているお子さんは、親に励まされれば少し元気が出て、登校できることもあります。しかし、そうやって**「一見、大丈夫」という感じで通っている子は、あ**

る日パタッと登校できなくなってしまうことがあります。大丈夫なように見えて、ただ無理を重ねているだけということもあるのです。そうなる前に休息をとらせて、お子さんの話を聞くようにしてください。

先生ができること 「楽しく通えているかどうか」を観察する

学校側も、早く対応したほうがよいというのは同じです。先生の立場から見ると、子どもが毎日学校に通ってきていれば「大丈夫」だと感じるのではないでしょうか。先生は多くの子どもを見なければいけないので、それぞれの子が「トラブルなく通えているかどうか」という視点で子どもたちを観察していると思います。

しかし、そのような視点では、先ほど述べたように「一見、大丈夫そうだけど、無理を重ねている子」のつらさはなかなか見えてきません。「トラブルがあるかどうか」だけではなく、**子どもが「楽しく学校に通っているかどうか」を見ることも大切**です。

例えば、授業中のふとした場面で、その子が自分から発言しようとしているかどうか。発言しないで教科書や黒板を見るときにどんな表情をしているか。休み時間に何かを楽しみにして、友達と誘い合っているようなことがあるか。そういう場面に、子どものモチベーションが表れます。子どもの様子を見て、無理をしているように感じることがあったなら、親御さんと相談することも必要かもしれません。

協力してできること

「何がしんどいのか」を情報共有する

学校の先生も、休み時間などに子どもを見ていて「何かあったの？」と聞きたくなることがあると思いますが、登校しぶりをしている段階では、子どもは先生からの質問には答えにくい場合が多いと思います。

子どもの話は、親が聞いたほうがよいでしょう。基本的に親のほうが子どもとの関係が近く、話しやすい雰囲気をつくれることが多いです。それに対して**先生は、子どもの学校での様子を観察する役割が適しています。**親は、子どもの学校生活を逐一見学することはできません。授業中や休み時間などの様子については、先生が見ておくのがよいでしょう。

親と先生がそれぞれに子どもへの理解を深め、「こういう活動がつらいと言っています」「授業中にこんな様子が見られます」といった情報を共有していけば、子どもの抱えている悩みごとに対処しやすくなるはずです。そのようなコミュニケーションを通じて、学校側の環境をどのように調整できるのかを、親と先生で考えていければ理想的です。

ただ、現実的には、親と先生で情報共有をしながら学習環境を調整しても、子どものモチベーションがなかなか上がらないということもあります。特に通常学級に通っていて、しんどさを感じているというお子さんの場合、授業中の活動などを少しアレンジしても、状況があまり変わらないこともあります。その場合には特別な場での教育を利用して、子どもに合った個別のアレンジができるようにしたほうがよいかもしれません。

1 学校を小さな「共生社会」に

どうして「集団」は生きづらいのか

大人がいろいろと考えて対応していても、子どもが学校に通えなくなってしまうことはあります。みなさんもあれこれと悩むと思いますが、私たち専門家も子どもの不登校を防ぎきれず、悩むことがあります。そんなとき私はよく、どうして「集団」になると、こんなにも生きづらさが出てしまうのだろうか、と考えます。

私は**「連帯責任」という考え方が、生きづらさの大きな要因**になっているのではないかと思っています。これは発達の特性があるかどうかに関係なく、すべての人に当てはまる話です。集団に連帯責任を負わせると、そのグループの人たちはお互いを監視するようになります。最近では「自粛警察」という言葉もありますが、連帯責任が存在していると、人々は誰か一人がみんなと違うことをやらないように、自主的に見回るようなことを始めます。そうすると、ちょっと個性的なことをしただけで、法律に違反したわけでもないのに、ひどくいじめられるようなことが出てくるわけです。

いまでも「五人組」になっているのでは

江戸時代に「五人組」という制度がありました。領主が農家を五軒一組にして、お互いに監視させたという制度です。これは農家に連帯責任を負わせて、誰か一人が間違ったことをしたら全員に罰を与えるという仕組みだったとされています。お互いの問題を密告させる仕組みもあったといわれています。

そのような制度をつくれば、ボスは部下を支配しやすくなります。何もしなくても、部下同士で勝手に監視し合って、問題を起こさないようにしてくれるからです。しかし、そうなれば部下たちは当然、生きづらくなります。自分らしく、得意なやり方で活動することなど、できなくなるでしょう。連帯責任を負わせるというのは、そういうことです。

もしも学校や地域で、**ほかの人とちょっと違うことをする人が非難され、集団から排除されるようなことが起きてしまっていたら、そこにはいまでも「五人組」のような考え方**があるかもしれません。

学校で「みんなで一緒に」を目標にしない

集団に「連帯責任」を負わせないようにするには、どうすればよいでしょう。

私は**「みんなで一緒に」を目標にしないことが大切**だと考えています。学校のように大勢で集まって活動する場所では、「みんなで一緒に」を目標にしてしまうことがしばしばあります。「一緒に遊ぶと楽しいよ」「全員一丸となってやれば、必ずうまくいく」というふうに、「みんなで一緒にやるのがいいこと」という価値観を強く押し出し、しかもそれを目標にしてしまうことがあるのです。

グループをつくってお互いに協力し、それぞれの長所を生かして一人ではできないことをするというのは、よいことだと思います。しかし、そこで大事なのは「なんらかの成果を上げる」ということであって、「みんなで一緒に」「全員一丸となって」行動することではないはずです。人間は一人ひとり、生活スタイルも、興味や関心の持ち方も違います。得意なことも苦手なことも違います。みんなで一緒に活動することを意識しすぎて、全員で足並みをそろえて同じようなことをしていたら、おそらくその集団では、一人ひとりが本来の持ち味を発揮することはできないでしょう。

集団に対して「みんなで一緒に」という目標を立てると、その集団に「標準」が生まれ、そこから外れることをよしとしない風潮ができていきます。それは江戸時代の「五人組」と同じようなもので、支配者が管理社会をつくるためのやり方です。学校のように、子どもたちが一人ひとりのびのびと学習していく場には、まったくそぐわないものだと思います。

学校を小さな「共生社会」にするために

私は社会全体が、多種多様な人たちが共存できる「共生社会」になっていくことを願っています。学校も一つの小さな共生社会になっていってほしいと思います。

ただし、私が共生社会としてイメージするのは、先ほど述べたような「みんなで一緒に」を目標とする社会ではありません。世の中には「みんなで仲良くできるように努力しよう」「立場が違ってもわかり合える」と考える人もいますが、私は現代の社会をそんなに甘いものではないと思っています。

私が思う共生社会とは、「相性が最悪の人とも共存できる社会」です。そのくらいのことができないと、本当の意味での共生社会はつくれないと思います。

人間誰しも、「この人とは合わないな」という相手がいます。見るのも嫌だという相手もいるわけです。共生社会をつくるためには、きれいごとではなく、そういう相手とどうやって共存できるかを考えていくことが必要です。

自分とは違う人への恐怖心や攻撃心を認めたうえで、その人とも共存できる仕組みを、理性的な社会の枠組みとしてつくっていく。それが、共生社会をつくる道です。

「みんなで一緒」よりも「お互いにリスペクト」

多くの場合、人は他人のことを理解しようとするとき、過去のさまざまな経験から相手の立場や考えなどを想像します。しかし、人のあり方は多様です。自分が「ふつう」だと考えていることが、相手にとっては「ふつう」ではないこともあります。だからこそ、人がわかり合うのは難しいわけです。

私は、他人の立場を想像して、その人の気持ちがわかったような気になるのは、しょせん上《うわ》っ面《つら》の理解にすぎないと考えています。それよりも**「世の中には、自分には理解しき**

れない相手もいる」という現実をきちんと認識することのほうが重要ではないでしょうか。そういう相手がいることを認めたうえで、その人とどうやって共存するのかを考える。共生社会をつくるというのは、そういうことだと思います。

私は、そのために必要なのは**「みんなで一緒に」ではなく、「お互いにリスペクト」する という姿勢**だと考えています。相手の考えをすべて理解できるわけではないけれど、認めてはいる。けっして無視をしない。そのような関係性をつくっていけば、どのような相手とも共存していけるのではないでしょうか。

私たちができること ①誰もが自分らしくいられる環境づくり

「お互いにリスペクト」できる共生社会をつくっていくために、私たちにできることが2つあります。

1つ目は「誰もが安心して、自分らしくいられる環境をつくること」です。みんなが自分のことをオープンにできなければ、お互いを知ることもできません。自分の立場を相手に伝え、相手のことも知ろうとする。それができる環境をつくることが重要です。

この本では第2章で、学校に3つのステージで環境を整えることを提示しました（88ページ）。それが「誰もが安心して、自分らしくいられる環境」をつくることにつながります。

学校では「みんなで一緒に」を意識してしまうことが多いと思いますが、例えばメガネを使うことのように、一人ひとりが自分に合ったやり方を自然に実践できている部分もあります。第2章で述べたように、メガネの利用は3つのステージのうちのセカンドステージに該当します。ファーストステージの支援では足りない場合に、自分の立場を明らかにして、メガネの利用を認めてもらっているわけです。

そういう形でお互いのスタイルを認め合うことができれば、全員にとって過ごしやすい共生社会ができていくはずです。

しかし、メガネの利用が認められやすい一方で、発達障害への配慮は認められにくい場合もあります。なぜかというと、メガネを必要とする人がかなり多いのに対して、発達障害への支援を必要とする人はそこまで多くはないからです。

人は、自分と違う立場の人の苦労をなかなかイメージできませんが、違う立場の人が多くなれば、イメージしやすくなります。視力が弱くて困っている人はたくさんいます。自分もそうだという人も多いでしょう。ですから、メガネの利用は認められやすいのです。

視力が弱い人も、発達の特性がある人も、困っているという点では同じです。ただ、多数派か少数派なのかが違うだけです。少数派の人は、困っていても理解を得られなくて、さらに困っていきます。私はその問題を解決したくて、このような本を書いています。みなさんに少数派の困りごとを知ってほしいと思っています。学校のように大勢が集まる場では、どうしても少数派の論理は軽視されがちですが、そのような風潮が、発達障害の子どもたちを悩ませています。少数派の論理を軽視するのは、やめましょう。

私たちができること

②みんながお互いを攻撃しないこと

共生社会をつくっていくためにできること、その**2つ目は「みんながお互いを攻撃しないこと」**です。自分のスタイルをまわりに知ってもらうことは大切ですが、主張を押し付けて相手を排除したり、攻撃していたりしては、共存することはできません。**お互いの立場が衝突した場合には、コミュニケーションによって妥協点を見出す必要**があります。

お互いの立場が同じ程度であればよいのですが、「多数派と少数派」「指示をする人と指示される人」といった関係性の中で、多数派や支持する側の立場が強くなったときには、そこに上下関係が生まれます。そうなると、立場が強い人が少し主張しただけでも、立場の弱い人に対して攻撃的になってしまうことがあります。一方で、立場が弱い人の主張は、無視されてしまったりもします。

例えば発達障害の子が、読み書きが苦手な場合に、「みんながんばっているから、あなたもがんばって」などと言われて支援を受けられないことがあります。立場の強い多数派の論理が基準になっていて、少数派の論理が軽視されている状態です。

そこで本人が「こういうスタイルであれば学習できる」と主張し、相手とコミュニケーションをとりながら、お互いが納得できる形で状況を調整できればよいのですが、第2章で解説した通り、合理的配慮さえも叶わない現場もあります（86ページ）。

私たちの社会には、少数派の論理をきちんと認識するための意識改革が必要です。また、意識を変えるだけではなく、少数派の人たちのスタイルを保障するための具体的な仕組みを用意し、それをきちんと運用することも必要です。

いま、日本の学校には、困っている人に対して合理的配慮を提供する義務があります。すべての人の多様なあり方を認める仕組みは用意されているのです。問題は、それを意識しない人、運用しない人がいるということです。そのような状況は、一刻も早く変えていかなければいけません。

まとめ
学校を小さな「共生社会」にするために、
「お互いにリスペクト」することを心がけよう。

2　「共生社会」での過ごし方

どうすれば「お互いにリスペクト」できるのか

この本の「はじめに」で5つの問いを出しましたが、最後の5問目の答えは以下のようになります。私は共生社会を、相性が最悪な相手とも共存できる社会だと考えています。

A5　共生社会とは、「**相性最悪**」な人たちがお互いにリスペクトする社会

このようなイメージを前提としながら、共生社会で私たちがどう過ごしていけばよいのかを考えていきたいと思います。「お互いにリスペクト」するために、どんなことを心がければよいのか。どうすれば、集団の中にいるときの生きづらさを解消できるのか。私は**「迷惑」がキーワード**になると考えています。

「迷惑をかけてはいけない」という考え方

私は「人に迷惑をかけてはいけない」という考え方を、人間の悪徳の一つだと思っています。迷惑をかけないこととトラブルを避けることとは、よく似ています。「迷惑をかけないようにしよう」と考えていると、「トラブルを避けよう」とも考えるようになり、いろいろと自粛するようになってしまうことがあるのです。

例えば、親御さんが学校の先生に子どもの宿題のことを相談しようと思ったとき、「そんなことで手間をかけたら迷惑かもしれない」と考えて、話すのをやめてしまうことがあります。診察時に実際、そのような話を聞くことがあります。

確かに、相談することをやめれば、学校の先生との間でトラブルが起こる可能性は低くなります。ある意味では、トラブルを避けることができるわけです。しかし、**相手が本当に迷惑だと感じるかどうかは、やってみないとわからないところもあります。**

宿題について相談してみたら、先生も同じようなことを考えていて、協力できるようになるかもしれません。相談しても、特に迷惑にならない可能性もあるわけです。また、相手が「ちょっと面倒だな」と感じたとしても、そこにはコミュニケーションが生まれます。

迷惑はコミュニケーションのきっかけ

コミュニケーションというのは、相手を思いやって何もしないことではありません。お互いに自分が正しいと思っていること、自分がやりたいと思っていることを相手に伝えて、相手の主張も聞いて、いろいろとやりとりをすることです。

お互いのやりたいことを伝え合ったり、実際にやってみたりした結果、どちらかが「自分に害が及んでいる」と感じたときには、それを主張する。そして**対話をして、お互いに納得できる落としどころを探る。それが本当のコミュニケーション**です。

つまり、「人に迷惑をかけてはいけない」と考えていると、基本的にコミュニケーションができなくなっていくわけです。相手に遠慮していると、建設的な対話は生まれにくくなります。日本の場合、そうやってお互いに相手の気持ちをわかった気になって、そのまま「なあなあ」でものごとを済ませてしまうような文化があります。

私は、**小さなトラブルが起きたときというのは、むしろコミュニケーションのチャンス**だと考えています。相手を思いやるのはもちろん大事ですが、思いやりを持っていても、相手の気持ちをうまく察することができなくて、人に迷惑をかけてしまうこともあるでしょう。そのとき、うまくできなかった人に「相手の気持ちを考えて」と非難の言葉を向けるのではなく、その小さな衝突をきっかけにして、コミュニケーションを始めればよいのです。

衝突は人間関係を学ぶチャンス

コミュニケーションを始める話は親と先生だけではなく、子ども同士にも当てはまります。

日頃から「相手の気持ちを考えて」「人に迷惑をかけないで」と言われていると、子どもたちはお互いに空気を読むようになっていきます。何か主張したいことがあっても、余計なことは言わず、波風を立てないようにするのです。

そういう集団の中に発達障害の子が入ると、個性的な言動をして、目立ってしまうことがあります。そして、まわりの子どもたちが「あの子は空気を読まない」「ああいうのは迷惑だ」と感じてしまうことがあるのです。そうなると、結果として発達障害の子が仲間外れにされたりもします。

しかし、空気を読み合ってお互いの言動を牽制していては、そこにはコミュニケーションが生まれません。**もしも誰かがいきすぎた行動をして、ほかの子に嫌な思いをさせてしまったのなら、そのときの思いをお互いに言葉にする必要があります。**言葉にしなければ、お互いの気持ちはわからないからです。

小さな衝突を、子どもたちが人間関係を学ぶチャンスとして生かしてほしいと思います。ただ、トラブルがあったときに子ども同士でお互いの考えをうまく伝え合うのは難しいかもしれません。大人が子どもたちの話を聞いて「こういうことをした結果、相手はこう考えたんだね」と話を整理したほうがよい場合もあります。少し手助けをすれば、子どもたちは相手の気持ちをイメージしやすくなります。「なるほど、そういう考え方もあるんだな」と学べるときもあるでしょう。

私は、**基本的には子どもは自分の考えを主張できるようになったほうがよい**と思っています。「迷惑をかけるかも」と思わずに、まずは意見を話してみてほしいです。ただ、中には主張しにくいこともあると思います。

例えば、「クラスに苦手な子がいて困っているけれど、必ずしも相手が悪いわけではないので、なんにも言えない」という場合があります。クラスに大声を上げる子がいて、自分としてはストレスを感じている。でも、その子が大声を上げるのは不安や緊張を感じているときで、悪気があってやっているわけではないので、注意もしづらい。結局、自分ががまんするしかない――そんな状況に陥って、困っている子どもがいるとします。

その場合に「大声が嫌だ！」「もうやめてほしい」という気持ちを相手に伝えると、どうなるでしょう。言い方によっては、相手を攻撃することになってしまうかもしれません。先生から「友達を悪く言うのはよくない」「誰だって大声を出すことはある」と注意される可能性もありそうです。

トラブルを起こさないように気をつけながら、自分の気持ちを相手に伝えてコミュニケーションをとるためには、どんな対応をすればよいと思いますか？

「要求」ではなく「困っています」を伝える

相性の悪い相手がいるときに、「嫌だ」と言いにくいからといってただひたすらにがまんしていると、その人はいずれストレスでつぶれてしまうでしょう。もちろん、共存するためにはお互いに歩み寄って多少がまんをする必要はあります。しかし、それは黙ってやることではなく、話し合って、納得してやっていくべきことです。

とはいえ、相手に悪気がないという場合には、なかなか言いにくいと思います。その場合は、第2章で紹介した相談のコツ、相手に「こうしてほしいと要求しない」「困っていることを伝える」という方法を活用しましょう（97ページ）。

例えば、**親から先生に「相手の子が大声を出すのをやめさせてほしい」と伝えると、それは要求になってしまいます。**相手の子を教室から追いやるような、攻撃的な印象も与えかねません。それではいけません。そうではなく、**「うちの子が気にしすぎちゃって困っています」ということを伝える**のです。

そうすると、相手をどうにかしようというよりは、お互いに共存するために何が必要か、ということを考えていけます。

例えば、座席の配置を変えて距離をとってみるのはどうか。もしくは、大きな声や音を遮断するために、耳栓やイヤーマフなどを使うのはどうか。パーティションで空間を区切ってみるのはどうか。いろいろな方法を検討しながら、どちらの子に対しても過度な負担を与えない対策を考えることができます。

ほかの子も、悩みを打ち明けやすくなる

親や子ども本人が学校の先生にいろいろと相談するようにしていると、ほかの子からも「こういうところがストレスになっている」という話が出てくることがあります。というのも、一人の子が困っていることを親や先生に相談して解決すると、ほかの子も自分の悩みを言い出しやすくなるのです。

私は、**子どもたちが「迷惑かな」「言わないほうがいいかも」と思わずに、困っていることを大人に素直に相談できる環境をつくっていくことが重要**だと考えています。そのような環境であれば、「お互いにリスペクト」することができます。

そして、**小さな衝突を日頃からコツコツ解決していくようにすると、結果的に親と先生の手間が減っていきます。**

例えば、ストレスで教室を飛び出してしまう子がいる場合には、先生がその子に対応しなければいけません。その間、ほかの子には対応しにくくなります。子どもの飛び出しについて、先生と親で話し合う必要も出てきます。しかし飛び出す子の悩みを聞き、それを少しずつ解消していけば、教室を飛び出す行為は減っていきます。トラブルを未然に防い

で子どものメンタルヘルスを守りながら、大人の手間も減らすことができるわりです。実際に、そのように対応している先生たちがいます。そういう先生たちのクラスでは、子どもたちが気軽に困りごとを話せています。

問題は「人情」ではなく「契約」で解決する

一人ひとりが自分の居場所を得るために、自分の考えを主張しながら、相手の事情にも配慮する。そのような工夫ができれば、小さな共生社会をつくっていけるでしょう。

そのためにはある程度割り切って、ビジネスの交渉をするような感覚で、言うべきことは言っていく必要があります。反対に、「同級生なんだから仲良くしよう」と言って、人情で問題を解決しようとしていると、話はこじれます。

私は、**共生社会をつくっていくためには、問題を「人情」ではなく「契約」で解決することが重要**だと考えています。**自分はこういう考えを通したい。相手はまた別の考えを通したい。どこで折り合いをつけるか。**それは人情の話ではなく、契約概念的な話です。お互いに考えを伝えながら、折り合いのつけ方を一つひとつ考えていくしかないのです。

失敗を気にしない雰囲気づくりも重要

私は、集団の中では「迷惑」ともうひとつ、**「失敗」が大事なキーワード**になると考えています。

みんなが「迷惑をかけてはいけない」と思って、連帯責任のような感覚を持っている集団では、誰かが失敗したときにいちいち目くじらを立てるような雰囲気が出てきます。そういう集団では、苦手なことがある人はのびのびと活動できません。積極的に活動すると、失敗して誰かに迷惑をかける可能性があるからです。「絶対に失敗できない」「失敗したらみんなに迷惑がかかる」と思うと、人は萎縮します。

そういう集団には、発達障害の子のように多数派の子どもたちとは違うスタイルを持っている子は、なかなか参加しにくいものです。

集団活動をうまく進めていきたいと思うのなら、失敗を気にしない雰囲気づくりを心がけることが大切です。

誰にでも、失敗をすることはあります。１回、２回の失敗をいちいち気にしないようにしましょう。誰かが失敗したら、ほかの人たちがそれをどうカバーするかを考えればよいのです。一人の失敗を、集団としてカバーできるようにする。そういう力を身につけることを、集団活動の目標とするのがよいと思います。

そういう集団では、メンバーそれぞれが違う能力を持っていることが、むしろ全体の力になります。誰かが苦手なことをほかの誰かが補えれば、困ったときに助け合うことができるからです。自分が困ったときにも、違う能力や個性を持つ人が手伝ってくれるかもしれません。誰かに迷惑をかけても問題にならない。お互いにカバーして助け合える。一人ひとりの個性が集団の力になる。そういう集団であれば、発達障害の子のように個性的な子も参加しやすくなります。

よい集団活動を進めていくために

発達障害の解説をするとき、私はよく、少数派の人は無理に多数派に合わせる必要はないという話をします。**いつも集団の中にいようとしなくてもいい。集団に入ることがつらければ、一人の時間を大切にしたほうがいい。**そういう話をするのですが、それは「集団に入らないほうがよい」という意味ではありません。
いつでも標準的であることを求められ、そこから少しでも外れると非難されるような集団には、入らなくてもよいと思います。そのような集団では、何事にも連帯責任を負わされて、まともにコミュニケーションをとることもできないからです。

連帯責任の輪の中に無理に入る必要はありませんが、先ほど説明したような、さまざまな個性を持つ人たちがお互いにリスペクトしている集団には、入ってもよいと思います。そういう集団では自分らしく活動しながら、さまざまな人と交流することができます。また、一人では達成できないような目標に向かっていくこともできるでしょう。

学校で、そのようなクラスをつくっている先生たちがいます。そういう先生は子どもの失敗をカバーするために、いろいろな工夫をしています。先生方には、迷惑や失敗を気にしすぎない雰囲気をつくり、よい集団活動を進めていっていただければと思います。

まとめ

共生社会では「迷惑」と「失敗」を気にしすぎないようにすることが大切。

3 将来に向けて、いまできること

義務教育の「義務」を見直す

この本では、主に小・中学校での学校生活を解説してきました。それはすなわち義務教育の時期でもあるわけですが、義務教育というのは、「すべての子どもは共通してこのぐらいのことを学んでおこう」ということを教える教育です。しかし、これまでにも解説してきた通り、私は、その「共通」が厳しすぎると考えています。

第2章では「学校の標準」が狭すぎるという話をしました。第3章では宿題やテストが難しすぎる、それなのに成績や学歴が重視されすぎているということをお伝えしました。それはどちらも、義務教育の示すラインが厳しすぎるという話でもあります。

義務教育は「最低限のライン」を示す教育です。「社会に出るまでに、これだけは学んでおきたい」ということが、そのラインになるべきです。しかし、この本で繰り返し解説してきたように、いま子どもたちは学校生活の中で非常に多くの「標準」を教え込まれています。「最低限」の義務教育だと言いながら、子どもへの要求が多すぎるのです。

学校が最低限のラインを高く設定して、「これもあれもできなければ、あなたはダメな子ですよ」というオーラを出していれば、当然、学校生活をきついと感じる子が増えていきます。学校に行けなくなる子も出てくるでしょう。その中には、意欲を持って社会に出ていくことが難しくなる子もいるかもしれません。

義務教育として、社会に出るための「最低限」を教えるのだと言っておきながら、結果として子どもの社会参加への意欲をつぶしてしまうのだとしたら、それはもはや教育ではないでしょう。**もしも小・中学校で、校内に学校生活を楽しいと思えていない子どもがいるのなら、その学校は「標準」や「最低限」を見直す必要**があります。

「全員一律」の授業や宿題をやめる

学校の「最低限」を見直す方法として、いろいろなやり方が考えられますが、私は「全員一律」をやめることが重要だと思っています。

例えば、授業で全員に同じ課題を出し、全員に同じやり方で取り組むように指示をしていたら、当然、その枠組みから外れる子どもも出てきます。課題が難しすぎれば、脱落する子が出てくるでしょう。反対に簡単すぎれば、退屈して集中できない子が出てくる可能性があります。また、テストで答えを紙に手書きで書く以外のやり方がなければ、書くのが苦手な子は困難を感じます。

画一的な授業では、多様な子どもに「最低限」の学習を保障することはできません。見直しが必要です。

同じように、宿題も「全員一律」ではいけません。第3章で解説したように、宿題は子どもに合わせて設定する必要があります。子どもの学習の進み具合は一人ひとり違います。

全員一律の宿題では、ほとんどの子どもにとって意味のないものとなるでしょう。私も、宿題が子どもの意欲を引き出すものであれば、やってもよいと思います。しかし全員一律の内容で、子どもの意欲を削ぐようなものであれば、そんな宿題は「百害あって一利なし」です。子どもたちに無駄な宿題を出して放課後の生活を荒らし、親子関係を悪くするようなことは、一日も早くやめてほしいと思っています。

教育は「共通項を少なく、オプションを多く」

子どもたち一人ひとりの個性に配慮するのであれば、教育は「共通項を少なく、オプションを多く」するのがよいと思います。

授業や宿題で、やや難しい課題を全員に一律で出すやり方をしていたら、学ぶべき共通項が多くなりすぎて、大半の子が対応しきれなくなっていきます。ついていけない子は放課後に勉強をしても間に合わず、やることがどんどん増えていくでしょう。また、先生もその子たちを指導する必要が出てきて、先生のやるべきことも増えていきます。

教育では、共通項を多くすればするほど、子どものやることも先生のやることも増えていきます。しかも、共通の課題をうまくこなせなかった子は劣等感を抱きます。「自分はみんなのようについていけなかった、ダメなんだ」と感じるわけです。それでは子どもは学習にモチベーションを持てません。

宿題を出すときに「難しかったら、全部やらなくてもいいよ」と話す先生がいます。それは一見、勉強が苦手な子への恩情のようでもありますが、実際には、できない子に劣等感を植え付けるような結果になることが多いです。「できない人は、やらなくていい」という教え方では、結局、脱落者を生んでしまいます。

私は、**教育というものは「できない人は、やらなくていい」という形ではなく、「みんなができて、やりたい人はもっとやる」という形**で実施したほうがよいと思っています。

共通する部分は、みんなが十分に学べる内容にして、学び方も多様な方法から選べるようにしておく。そのうえで、もっと学びたいという子には、より難しい課題を提示する。それが「共通項を少なく、オプションを多く」するやり方です。そのやり方であれば、基本的にみんながモチベーションを持って学んでいけるはずです。

「がまん比べ大会」をやめて、ゆとりを持とう

現在の学校を見ていると、全員で「がまん比べ大会」をしているように思えてくることがあります。先生と子どもたちが「これも学ぼう」「あの活動にも取り組もう」「その決まりも守ろう」というふうにたくさんのゴールを目指していて、しかも「どれもできなければいけない」と考えている。**先生も子どもも、親も、みんなで歯を食いしばるようにして苦労しながら、それでも全員でがまんして「学校の標準」を守ろうとしている。**そんなふう

に思えてしまうことがあるのです。

その「がまん比べ大会」から真っ先に脱落するのは、発達障害の子どもたちです。あれもこれもそつなくこなさなければならない。しかも空気を読んで迷惑をかけないようにしなければいけない。そんな環境には、発達障害の子どもたちはついていけません。


世の中には、努力すればするほどいろいろな能力が身につき、人生がよりよいものになると思っている人もいます。そのために、子どもに次から次へとものごとを教えようとすることがあります。しかし、そうやって**「この方向に導こう」とする教育は、基本的に失敗します。**多くの場合、人は他者からものを与えられすぎると、自主性を持ちにくくなります。人から「これもやりなさい」「あれもやりなさい」と言われて育った人は、自分のやりたいことがいつまでも見つからなかったりするものです。

そうではなく、**子どもがさまざまなものごとを知ったあと、それについて自分で考え、次に学ぶことを自分で選び、自分で歩んでいくことが重要**です。それが本来の学習であり、それを保障するのが、本来の教育です。

学校が教育の場として本当の意味で十分に機能するためには、**子どもに多くを教え込もうとしないことが大切**です。大人は子どもに、社会で必要となる最低限のことを伝えながら、そこから先に進んでいくためのさまざまな選択肢を示す。子ども本人が選択肢を知って、自分でじっくりと考えて、やりたいことを選ぶ。そのためのゆとりが必要です。

私はこの本で、子どもに多くを教え込もうとしないことを繰り返し解説してきました。

- 「学校の標準」をおおらかなものにすること
- 学びやすい環境を3つのステージで整えること
- 成績や学歴にこだわらず、子どものモチベーションを大事にすること
- 子どもが自分のペースで学べる環境を、特別な場での教育も含めて検討すること

すべて、子どもの学習を保障するための方策です。

みなさんには今日から、お子さんの学習を保障するために大人同士でよくコミュニケー

ションをとって、環境を整えることを始めていただきたいと思います。そのために、この本の内容を参考にしていただければ幸いです。

まとめ

教育の「共通項を少なく、オプションを多く」して、子どもがじっくり考えられる「ゆとり」をつくろう。

おわりに

私がSB新書を書くのは本書で4冊目になります。今回はみなさんに「発達障害の子の学校生活をサポートするコツ」をお伝えしたいと思って、さまざまなことを考え、言葉にしてきました。

子どもの学校生活を支援するためには、親と学校の先生の協力が欠かせません。そして協力するためには、両者がある程度同じ方向を向くことが重要になります。発達障害や学校、教育、学習といったことについて、共通理解を持つことが必要です。

そこで、「はじめに」でみなさんに5つの問題を出しました。発達障害の子の学校生活に関して、基本的な考え方を問う問題です。その答えはこれまでに本文でお伝えしてきた通りですが、最後にもう一度、まとめておきましょう。

A1　学校とは「**社会に出るための土台づくりをする**」場所である

A2　学力とは「**自発的に学ぶ力**」である

A３　教育で大事なのは、子どもの「**モチベーション**」を伸ばすこと
A４　発達障害の子は「**小学校入学**」から、特別支援教育を利用する
A５　共生社会とは、「**相性最悪**」な人たちがお互いにリスペクトする社会

これが、発達障害の子の学校生活をサポートしていくときに知っておいてほしい、基本的な考え方です。私はこう考えて、子どもたちを支援しています。

発達障害の子が学校でのびのびと学んでいくためには、その子らしく学べる環境を整えることが大切です。親御さんと学校の先生は、学校生活が「社会に出るための土台づくり」であることを意識し、成績や学歴にとらわれないようにしましょう。成績や学歴よりも、子どもの好きなこと、得意なことに目を向けてください。そうすることで、子どもはできないことに無理に取り組んだりせず、自発的に力を伸ばしていけるようになります。学ぶことにモチベーションを持てるようになっていきます。

私は、**子どもが学校を卒業して社会へ出るときに重要なのは、成績や学歴ではなく、モチベーション**だと考えています。学ぶことにモチベーションを持っている子は、卒業後も

意欲的に活動していけます。みなさんには、子どもが学校生活を通じてモチベーションを持ち続けられるように、サポートをしてほしいと思います。

この本に書いたことを参考にしていろいろと工夫をしても、学校生活の中でトラブルが起こることもあると思います。残念ながら、子どもが落ち込んで、登校をしぶるようなこともあるでしょう。そのときには、コミュニケーションをとってください。

親御さんは学校の先生に「迷惑をかけてはいけない」と思わずに、自分の思い、子どもの思いを言葉にしましょう。そして関係者の思いも聞いて、話し合いをしてください。**人間はわかり合えないこともありますが、それでもお互いに相手をリスペクトすることはできます。**親御さんと学校の先生がお互いをリスペクトする関係をつくっていければ、子どもも安心します。そんな大人たちのやり方を見て、子どもたちもお互いにリスペクトできるようになっていくかもしれません。

私は、**発達障害の子の学校生活には「モチベーション」と「リスペクト」が必要**だと考えています。この本にはさまざまなことを書きましたが、学校生活について悩むことがあったら、この2つのキーワードを思い出してください。迷ったら、まずは子どものモチベーションを守るためにどうするかを考えましょう。そして何か行動するときには、相手をリスペクトすることを意識していただければと思います。

私もこの本を書く際に「モチベーション」「リスペクト」を意識しましたが、学校関係者に対しては、少し辛辣《しんらつ》なことも書いてしまったと思います。なぜ「リスペクト」と言いながらそんなことを書いたのかというと、それは学校で苦しんでいる子どもたちがいるからです。

学校でつらい思いをして、登校できなくなり、モチベーションを失って、私たちの診察室にくる子どもがいます。私はそのような子どもを一人でも減らしたいと思って、この本を書きました。子どもたちを追いつめるのは、もうやめませんか？　そのために今日から行動を始めましょう。そう伝えたくて、私は今回、あえて少し強い言葉を使っています。

この本を読んだ方々が、各地の学校で子どものために何か行動をとってくだされば、登校できない子どもは減っていくはずです。そして、学ぶ喜びを感じる子どもが増えていくはずです。これからの学校はそういう場であってほしい。そう願いながら、みなさんに託す気持ちでこの本を書きました。

本書が、発達障害のある子どもたちの学校生活を、少しでも充実させるものになれば、嬉しく思います。

２０２２年８月吉日

本田秀夫

著者略歴

本田秀夫（ほんだ・ひでお）

◎信州大学医学部子どものこころの発達医学教室教授・同附属病院子どものこころ診療部部長
特定非営利活動法人ネスト・ジャパン代表理事
◎精神科医師。医学博士。1988年、東京大学医学部医学科を卒業。東京大学医学部附属病院、国立精神・神経センター武蔵病院を経て、横浜市総合リハビリテーションセンターで20年にわたり発達障害の臨床と研究に従事。発達障害に関する学術論文多数。英国で発行されている自閉症の学術専門誌『Autism』の編集委員。2011年、山梨県立こころの発達総合支援センターの初代所長に就任。2014年、信州大学医学部附属病院子どものこころ診療部部長。2018年より現職。日本自閉症スペクトラム学会会長、日本児童青年精神医学会理事、日本自閉症協会理事。
◎著書に『自閉症スペクトラム』『発達障害 生きづらさを抱える少数派の「種族」たち』『子どもの発達障害』（いずれもSB新書）などがある。

SB新書 594

学校《がっこう》の中《なか》の発達障害《はったつしょうがい》
「多数派《たすうは》」「標準《ひょうじゅん》」「友達《ともだち》」に合《あ》わせられない子《こ》どもたち

2022年9月15日 初版第1刷発行
2022年9月23日 初版第2刷発行

著　者 本田 秀夫

発行者 小川 淳
発行所 SBクリエイティブ株式会社
〒106-0032 東京都港区六本木2-4-5
電話：03-5549-1201（営業部）

装　幀 杉山健太郎
組　版 ごぼうデザイン事務所
編集協力 石川 智
イラスト 村山宇希
編集担当 中本智子
印刷・製本 大日本印刷株式会社

本書をお読みになったご意見・ご感想を下記URL、
または左記QRコードよりお寄せください。

https://isbn2.sbcr.jp/15833/

落丁本、乱丁本は小社営業部にてお取り替えいたします。定価はカバーに記載されております。本書の内容に関するご質問等は、小社学芸書籍編集部まで必ず書面にてご連絡いただきますようお願いいたします。

ISBN 978-4-8156-1583-3